AF455605

RAPPORT

PRÉSENTÉ

A LA CLASSE DES BEAUX-ARTS

DE L'INSTITUT IMPÉRIAL DE FRANCE.

RAPPORT

PRÉSENTÉ

AU NOM DE LA SECTION DE MUSIQUE,

ET

ADOPTÉ PAR LA CLASSE DES BEAUX-ARTS

DE L'INSTITUT IMPÉRIAL DE FRANCE,

Dans ses séances du 18 avril et des 2 et 9 mai 1812,

SUR UN OUVRAGE INTITULÉ:

LES VRAIS PRINCIPES DE LA VERSIFICATION,

Développés par un examen comparatif entre les langues française et italienne, etc., par M. A. Scoppa.

On discute dans ce Rapport les propriétés respectives de ces deux langues relativement à la Musique, et l'on y compare le génie des deux nations pour cet Art.

A PARIS,

DE L'IMPRIMERIE DE FIRMIN DIDOT,

IMPRIMEUR DE L'INSTITUT IMPÉRIAL,

RUE JACOB, N° 24.

1812.

RAPPORT

FAIT A LA CLASSE DES BEAUX-ARTS

DE L'INSTITUT IMPÉRIAL DE FRANCE,

SUR L'OUVRAGE DE M. ANT. SCOPPA,

INTITULÉ:

LES VRAIS PRINCIPES DE LA VERSIFICATION,

DÉVELOPPÉS PAR UN EXAMEN COMPARATIF ENTRE LES LANGUES ITALIENNE ET FRANÇAISE, etc.

M. SCOPPA, littérateur italien, a présenté dernièrement à la Classe de la Langue et de la Littérature Française et à celle des Beaux-Arts de l'Institut un ouvrage ayant pour titre : *Les Vrais Principes de la Versification développés par un examen comparatif entre les Langues Italienne et Française, etc.* L'auteur s'y livre à des recherches très-approfondies sur les lois générales de la Versification, et sur l'art d'unir la Poésie à la Musique; il crée sur ces matières un système entier dont il fait l'application à plusieurs langues anciennes et modernes, mais principalement aux langues italienne et française, entre lesquelles il établit même une comparaison formelle; et telle est la nature et l'étendue de ses opérations, que de leur ensemble il résulte en effet un parallèle le plus complet et le plus détaillé que l'on ait encore fait de ces deux langues, sur tout ce qui concerne leurs propriétés poétiques et musicales. La partie du traité de M. Scoppa qui regarde la versification et la poésie est déja publiée; elle a obtenu à son auteur, de la part de la Classe de la Langue et de la Littérature Française, des encouragemens et des éloges; celle où sont développées les considérations relatives à la musique, attend, pour paraître, le jugement et l'approbation de la Classe des Beaux-Arts. Après avoir examiné ce traité avec toute l'attention que commandaient et l'intérêt des objets qu'il renferme, et les suffrages honorables qu'il avait déja obtenus, la Section de Musique, à l'examen de laquelle il a été renvoyé, me charge d'exposer, en son nom, l'opinion qu'elle s'en est faite, et le jugement qu'elle a porté sur son ensemble et ses diverses parties.

En cherchant à discerner le but que s'était proposé l'auteur, et le plan qu'il a suivi, nous avons cru reconnaître que son ouvrage pouvait être considéré sous deux points de vue bien distincts : le premier, comme tendant à fonder sur un même système les principes de toute espèce de versification, et les règles d'après lesquelles doit se faire l'union de la poésie et de la musique; le second, comme ayant pour but de déterminer quelles sont les propriétés respectives des langues française et italienne, principalement par rapport à la musique, et quelle est l'aptitude de chacune des deux nations pour cet art.

Dans la discussion de toutes les questions, tant principales que secondaires, M. Scoppa ne s'astreint point, en général, à un ordre rigoureux; les divers objets y sont traités, tantôt confusément, tantôt avec une apparence de méthode; mais comme l'exposition que nous venons de tracer fait bien connaître les intentions de l'auteur, comme la division qu'elle renferme indique la marche la plus claire et la plus naturelle que nous puissions suivre en cette matière, nous allons, en développant cette division, et nous y attachant dans ses principaux détails, exposer sur chaque point les opinions de M. Scoppa, et, en les rapprochant des principes généralement admis, donner à tout lecteur attentif les moyens d'en acquérir une connaissance exacte, et de juger par lui-même de leur étendue et de leur solidité.

PREMIERE PARTIE.

Principes fondamentaux de tout systéme de versification, et de l'union de la Poésie avec la Musique.

Quoique l'examen des opinions de M. Scoppa, sur les principes de la versification, ne soit pas, à proprement parler, du ressort de la Classe des Beaux-Arts, néanmoins, à cause de la liaison qui existe entre cette partie de l'ouvrage et celle qui est soumise à la Classe, il devient indispensable de donner une connaissance exacte de son système, qui d'ailleurs est intéressant, et mérite de fixer l'attention. L'exposition des principes fondamentaux de sa théorie, en ce qui regarde la versification, fera l'objet de la première Section; nous verrons dans la seconde les applications qu'il en a faites à l'art d'unir la poésie et la musique.

Première Section.

Fondemens systématiques des règles de la Versification.

Pour établir les principes qu'il regarde comme le fondement de tout système de versification, M. Scoppa commence par exposer les notions reçues de tous les grammairiens sur la nature des accens dont le langage est susceptible. Ces accens ne sont, au fond, autre chose que les diverses modifications qui peuvent affecter le discours, relativement à la nature, au ton, à la durée, à l'intensité, enfin, à la qualité des sons dont il est composé.

Parmi les accens, il en est deux qui méritent ici une attention particulière; ce sont, 1° l'*accent prosodique*, c'est-à-dire, la modification que les sons du discours éprouvent par rapport à la durée, et qui les fait distinguer en longs, moyens, brefs et brévissimes; 2° l'*accent grammatical*, ou *accent tonique*, mal à propos ainsi dénommé par les grammairiens, et qui serait beaucoup mieux nommé accent *métrique*, ou plutôt accent *rhythmique;* car, 1° la dénomination d'accent grammatical est vague et insignifiante; 2° celle d'accent tonique ne semble pas, d'après les idées généralement reçues aujourd'hui, fondée sur une analogie suffisante, puisque ce n'est pas la détermination du ton, mais celle du mètre ou plus généralement celle du rhythme que cet accent opère dans le discours.

L'accent rhythmique consiste dans cette sorte d'appui qui, dans toutes les langues, quelles qu'elles soient, et sans aucune exception, se pratique sur une des syllabes de chaque mot isolé, ou sur une des syllabes d'un groupe de mots réunis, groupe que cet accent sert lui-même à déterminer, en désignant et faisant en quelque sorte ressortir la syllabe à laquelle toutes les autres semblent se rattacher, et sur laquelle se pratiquent tous les repos du discours. Par-là, cet accent sert à marquer d'une manière précise les divisions du temps, les proportions, quant à la durée, des divers membres de la phrase, un *rhythme*, enfin, qui, selon la définition la plus générale et la plus vraie, donnée par Philoxène, n'est autre chose que l'ordonnance des temps, χρόνων τάξις, dans le discours.

La réunion de plusieurs syllabes, soit longues, soit brèves, autour d'une syllabe affectée de l'accent rhythmique, et considérée par cette raison comme syllabe principale, forme ce que l'on nomme généralement un *pied rhythmique*, ou simplement un *pied*, dans le discours libre aussi bien que dans la poésie. Mais il faut remarquer que si, au moyen de dispositions convenables, tous les pieds rhythmiques peuvent entrer dans la composition du discours ordinaire, il n'en est pas de même de la versification en général. Il y a telle espèce de versification qui ne reçoit que ceux d'entre les pieds rhythmiques où les longues et les brèves, assemblées autour d'une même syllabe quelquefois variable de position, sont disposées entre elles en un certain ordre et dans certaines proportions. Cette espèce particulière est ce que l'on nomme proprement *pieds métriques*. Au troisième livre de sa rhétorique (1), Aristote a posé les principes d'après lesquels se forment ces sortes de pieds. Ces principes ont été développés par plusieurs rhéteurs grecs, notamment par Diomède, Héphestion et Aristide Quintilien. Parmi les Latins, Cicéron, dans son livre de l'Orateur, a confirmé ces mêmes principes, que Terentianus Maurus a depuis consignés dans son poëme *de Arte metrica*. La justesse des préceptes et l'élégance de la diction ont fait de ce poëme un livre classique; et la doctrine de Teren-

---

(1) *De Rhetorica, lib. III, cap.* 8. En ce même endroit Aristote pose les principes du rhythme oratoire, rhythme qui détermine *la figure* du discours, laquelle doit, selon lui, être rhythmée sans être entièrement métrique : Το δὲ σχῆμα τῆς λεξέως δεῖ μήτε ἔμμετρον εἶναι, μήτε ἄῤῥυθμον. D'après Aristote, ou plutôt d'après la doctrine qu'il a consacrée, les rhéteurs ont nommé *élocution* ou *discours figuré* (*figurata elocutio*) le discours considéré comme soumis au rhythme.

Cette expression est très-remarquable en ce qui concerne la musique, à cause de l'application que l'on en a faite au chant, en nommant, lors de la renaissance du rhythme chez les modernes, *chant figuré* (*cantus figuratus*) le chant formé de sons de durées diverses, par opposition au *plain-chant* (*planus cantus*), qui procède par une suite de sons égaux en durée, et qui, par cela même, offre un rhythme beaucoup moins sensible, quoiqu'il n'en soit pas entièrement dépourvu, comme le pensent à tort des personnes qui n'ont pas examiné cette matière avec assez d'attention ou avec assez de connaissance de cause. Du reste, si je place ici cette remarque, c'est que ce mémoire ayant pour principal objet l'union de la musique et du discours, est principalement destiné aux musiciens, et que c'est une opinion généralement reçue parmi eux que cette dénomination de chant figuré vient des figures en usage pour représenter les diverses valeurs des notes. Cette opinion est erronée ; la véritable origine de cette dénomination est celle que nous venons de lui assigner : et l'on conçoit en effet que les savans du moyen âge, imbus de la doctrine d'Aristote, la seule en vogue à cette époque dans toute l'école, ont dû en étendre le langage à tout le système des connaissances modernes qui avait reçu l'être, et qui se développait entre leurs mains.

tianus a eu un grand nombre de commentateurs, parmi lesquels on remarque saint Augustin et Marius Victorinus, qui l'ont développée, celui-ci dans ses Didascaliques, l'autre dans ses six livres sur la Musique. Tous les écrivains du moyen âge, Bède, Franco, Muris, etc. ont suivi les mêmes notions; enfin, à l'époque de la renaissance des lettres, Salinas, professeur de musique à l'Université de Salamanque, qui, dans son excellent traité *De Musicâ*, imprimé en cette ville en 1577, paraît avoir le mieux résumé toute la doctrine des anciens, Salinas, dis-je, porte à soixante-quatre le nombre des pieds métriques, c'est-à-dire, des pieds rhythmiques susceptibles d'entrer dans une versification rigoureuse, et il expose les lois selon lesquelles ces sortes de pieds se forment et peuvent s'assembler.

Nous ne tracerons pas du catalogue de ces pieds un tableau qui serait aussi long qu'inutile, et nous nous bornerons à faire mention de trois d'entre eux, qui vont nous devenir utiles, pour former un langage dont nous avons besoin; ce sont :

1° L'*iambe*, formé d'une brève suivie d'une longue, qui porte l'accent rhythmique;	Lat. Français.	v — *A - mant.* *Ve-nir.*
2° *Le trochée*, inverse de l'iambe, formé d'une longue portant l'accent, suivie d'une brève;	Lat. Fr.	— v *Mu-sa.* *Mu-se.*
3° *Le dactyle*, formé d'une longue portant l'accent, suivie de deux brèves.	Lat.	— v v *Glo-ri-a.*

A présent, dans tout pied, soit rhythmique, soit métrique, l'accent rhythmique peut occuper quatre positions différentes, car il peut être placé sur la dernière syllabe, sur la pénultième, sur l'anté-pénultième, ou même en-deçà.

Si l'accent est placé sur la dernière syllabe, comme dans les mots italiens *canterà*, *amerà*, *podestà*, et dans les mots français *matin*, *vertu*, *bonté*, le pied, mot ou terminaison est ce que les Italiens nomment *tronco* (tronqué), et que nous nommerons *iambique*, à cause de l'analogie avec le pied iambe, qui de tous les pieds est celui où cette position de l'accent est le plus fortement indiquée.

Si l'accent est placé sur l'anté-pénultième, comme dans les mots italiens *fronda*, *sponda*, *rosa*, et dans les mots français *feuille*, *rive*, *rose*, etc. le pied, mot ou terminaison est ce que les Italiens nomment *piano* (doux), et que nous nommerons *trochaïque*, par les mêmes raisons que ci-dessus.

Si l'accent est placé sur l'anté-penultième, comme dans les mots italiens *mormora*, *stabile*, *amabile*, le pied, mot ou terminaison est ce que les Italiens appellent *sdrucciolo* (glissant), et que nous nommerons *dactylique*.

Enfin, si l'accent est placé en-deçà de l'anté-pénultième, comme dans les mots italiens *lacerano*, *mormorano*, *precipitano*, le mot est ce que les Italiens nomment *più che sdrucciolo* (plus que glissant), et que nous nommerons *hyperdactylique*. La langue française n'a point de mots de cette espèce, ni de la précédente.

Pour nous rapprocher d'un usage suivi parmi les grammairiens français, nous désignerons aussi quelquefois la terminaison ou pied iambique, par le terme de pied ou terminaison *masculine*, et nous comprendrons, sous la dénomination de *féminine*, toutes les trois autres espèces, c'est-à-dire, les terminaisons ou pieds trochaïque, dactylique, et hyperdactylique.

Nous n'entrerons point non plus dans l'exposition des lois d'après lesquelles pouvaient s'assembler les soixante-quatre pieds métriques : nous renvoyons sur ce point aux ouvrages ci-dessus indiqués, notamment à celui de Salinas. Il suffit ici de savoir qu'indépendamment de la signification générale qu'ils donnaient au mot de rhythme, et que nous avons exposée précédemment, les anciens, dans la théorie de la versification, donnaient encore à ce terme plusieurs autres acceptions moins étendues. Parmi ces diverses acceptions, il en est une que nous remarquons, et que nous devons rapporter ici comme ayant la liaison la plus immédiate avec l'objet qui nous occupe en ce moment; c'est celle qui consistait à comprendre et à désigner par ce mot de *rhythme* une série illimitée de pieds métriques capables de s'allier entre eux; une série du même genre, mais limitée et capable de devenir périodique, formait ce qu'ils appelaient *un mètre;* enfin, un mètre coupé en deux ou un plus grand nombre de membres par des césures ou repos que marquait l'accent rhythmique, était ce qu'ils appelaient *un vers*.

Telle était la doctrine la plus universellement reçue chez les anciens; doctrine que l'on peut adopter pour servir à l'intelligence de tout ce que nous aurons à dire sur cette matière.

Ces premières notions établies, nous rappellerons que, dans la poésie en général, on connaît trois systêmes de versification : la versification métrique, la versification rhythmique, et la versification harmonique.

La versification métrique est celle où les vers sont formés de pieds métriques assemblés selon une certaine loi; c'est celle que nous venons de décrire : elle est suffisamment connue par tout ce que nous avons dit à ce sujet.

La versification rhythmique n'est autre chose qu'une versification métrique irrégulière, où des pieds rhythmiques, composé du même nombre de syllabes, sont substitués aux pieds métriques analogues, sans égard pour les valeurs prosodiques, et souvent même pour la position de l'accent.

Enfin, la versification harmonique est celle qui est uniquement fondée sur la quotité de syllabes et la disposition des accens, on la nomme harmonique, à cause de la rime dont elle est ordinairement revêtue, et par suite de l'usage où sont les grammairiens, tant anciens que modernes, de désigner par le terme d'harmonie tout ce qui tient à la nature et à la tonalité des sons.

La versification métrique fut celle des Grecs et des Romains au bel âge de leur littérature; la versification rhythmique fut celle des siècles barbares; la versification harmonique est celle des peuples modernes de l'Europe.

On voit, par cet exposé, que la versification rhythmique, née de l'oblitération de la prosodie, tient, autant par sa constitution que par son âge, une sorte de milieu entre la versification métrique en usage chez les anciens, et la versification harmonique propre aux peuples modernes. Or, à raison de cette affinité, et par l'effet de cette tendance qu'a l'esprit humain à multiplier les rapports entre les objets, plusieurs littérateurs de ces derniers temps ont cru entrevoir dans la versification rhythmique, le lien et le principe commun de tout système de versification. A la tête de ces auteurs, il faut placer le P. Giovenale Sacchi, professeur d'éloquence au college *dei Nobili* à Milan, qui, enchérissant sur tous les écrivains qui l'avaient précédé, a, dans trois Dissertations publiées en 1770, et ayant pour titre : *Della divisione del tempo nella musica, nel ballo, e nella poesia, Dissertazioni tre*, a, dis-je, exposé une théorie formelle, fondée sur le principe que nous venons d'indiquer. Cette théorie a trouvé en Italie un très-grand nombre de partisans; et M. Scoppa, qui l'a entièrement adoptée, paraît n'avoir eu d'autre but que de la commenter et de l'étendre, de soumettre, s'il était possible, à sa domination la versification française, et, par ce moyen, de la rendre plus intéressante aux yeux des littérateurs français, dont elle ne paraissait pas jusqu'à ce moment avoir singulièrement excité l'attention.

Dans cette vue, après avoir développé avec beaucoup d'étendue les notions que nous venons de présenter le plus succinctement qu'il nous a été possible, M. Scoppa pose ces deux principes, qui sont la base de tout son système : 1° que tous les pieds, tant rhythmiques que métriques, peuvent se ramener à un certain nombre de pieds rhythmiques; 2° que tout vers, quel qu'il soit, résulte de la répercussion limitée d'un même pied.

M. Scoppa procède ensuite au développement de ces principes, et traitant en premier lieu des pieds, il y considère deux sortes de syllabes : la syllabe qui porte l'accent, qu'il désigne par le signe prosodique de longueur —; et les syllabes passagères ou sans accent, qu'il désigne par le signe de briéveté ᴗ. Mais comme ces syllabes peuvent être indifféremment longues ou brèves, qu'il arrive même souvent que la syllabe passagère est longue, tandis que la syllabe accentuée est brève ou moyenne, cette notation n'est propre qu'à donner des idées fausses, et à faire croire que M. Scoppa prétend trouver dans nos vers des pieds métriques formés de longues et de brèves, pendant qu'il n'y cherche en effet que des pieds rhythmiques, formés de syllabes portant l'accent, et de syllabes passagères. Pour éviter cette confusion, nous prendrons le parti de désigner les premières par la lettre *A*, et les secondes, par la lettre *p*. D'après cela, M. Scoppa prétend que tous les pieds, tant rhythmiques que métriques, peuvent se réduire aux quatre pieds rhythmiques suivans :

1° L'iambe rhythmique, formé d'une syllabe passagère, suivie d'une syllabe portant l'accent : ce que nous désignons par.................................. *p* — *A*.

2. Le trochée rhythmique, inverse de l'iambe,

formé d'une syllabe portant l'accent, suivi d'une syllabe passagère . . . . *A — p.*

3° L'anapeste rhythmique, formé de deux syllabes passagères, suivies d'une syllabe portant l'accent . . . . *p — p — A.*

4° Enfin, le dactyle rhythmique, formé d'une syllabe portant l'accent, suivie de deux syllabes passagères . . . . *A — p — p.*

Quant aux vers qui, comme nous venons de le dire, consistent, selon M. Scoppa, dans la répétition limitée d'un même pied, il est clair d'abord qu'ils se réduiront à quatre espèces, savoir : les vers iambiques, formés de la répercussion de l'iambe : les vers trochaïques, formés de celle du trochée : les vers anapestiques, et les vers dactyliques ; et, dans chaque espèce, il n'y aura que trois sortes ; car, selon M. Scoppa, un vers ne peut avoir, ni plus de cinq pieds, ni moins de trois. On aura donc dans chacune des quatre espèces, un vers de trois, un vers de quatre, et un vers de cinq pieds ; en total, douze sortes dont on voit ici le tableau.

Vers	*Iambiques*	p—A=p—A=p—A.
		p—A=p—A=p—A=p—A.
		p—A=p—A=p—A=p—A=p—A.
	Trochaïques	A—p=A—p=A—p.
		A—p=A—p=A—p=A—p.
		A—p=A—p=A—p=A—p=A—p.
	Anapestiques	p—p—A=p—p—A=p—p—A.
		p—p—A=p—p—A=p—p—A=p—p—A.
		p—p—A=p—p—A=p—p—A=p—p—A=p—p—A.
	Dactyliques	A—p—p=A—p—p=A—p—p.
		A—p—p=A—p—p=A—p—p=A—p—p.
		A—p—p=A—p—p=A—p—p=A—p—p=A—p—p.

Ces réductions étant ainsi faites en principe, l'auteur cherche à en faire l'application à la versification de toutes les langues, tant anciennes que modernes, et à démontrer que tous les pieds rhythmiques et métriques, que toutes les espèces de vers, à quelque systême qu'elles appartiennent, rentrent dans quelques-unes des formes qu'il vient d'établir.

A l'égard des langues anciennes, il paraît difficile de réduire leurs pieds métriques aux pieds rhythmiques de M. Scoppa: car ceux-ci sont tout au plus de trois syllabes, et les anciens reconnaissaient des pieds métriques de quatre, cinq, six et huit syllabes réunies autour d'un seul et même accent. Il n'est pas moins difficile de ramener les formes des vers antiques à celles des vers de M. Scoppa; car, outre les difficultés qui naissent de la différence des pieds, il en est encore qui viennent de leur choix et de leur nombre. M. Scoppa n'admet de vers que ceux qui sont formés de la répétition d'un même pied, et les anciens employaient dans un même vers des pieds de forme différente: M. Scoppa n'admet point de vers au-dessous de trois pieds ni au-dessus de cinq, et les anciens avaient des vers de deux pieds: ils en avaient de six, de sept, de huit, et, selon quelques auteurs, de dix et jusqu'à douze pieds, sans parler des vers fractionnaires.

La difficulté ne paraît pas moindre pour les langues modernes, car 1° M. Scoppa veut absolument y trouver des pieds rhythmiques par la distribution des syllabes portant accent; et il arrive souvent que cette distribution soit telle, qu'elle se refuse à fournir les pieds rhythmiques qu'il demande, sans que la versification doive pour cela être réputée vicieuse. 2° Les moindres vers de M. Scoppa sont de trois pieds, ses moindres pieds de deux syllabes; donc ses moindres vers sont au moins de six syllabes: or les langues modernes employent des vers de cinq, de quatre, de trois, de deux et même d'une seule syllabe.

Nous ne suivrons pas M. Scoppa dans le détail des moyens qu'il prend pour ramener à son systême particulier les trois autres systêmes de versification ; je dis les trois autres systêmes : car il est bien évident que le sien est une forme particulière de celui même que nous avons désigné sous le nom de versification rhythmique. Il suffit que l'exposition que nous venons de faire des élémens de sa théorie, en fasse bien connaître l'esprit, et mette le lecteur à portée de comprendre l'application qu'il prétend en faire aux principes universellement reçus de la versification, et à l'art d'unir la poésie avec la musique. Le premier de ces objets fait principalement la matière de la seconde partie de son ouvrage, où par un choix d'exemples très-bien faits, l'auteur est parvenu à jeter beaucoup d'agrément sur une discussion aride par elle-même. Ce que l'on peut aussi remarquer, en ce qui touche le fond de la question, c'est qu'en essayant d'introduire ou de trouver des pieds rhythmiques dans nos vers modernes, M. Scoppa a été amené accidentellement à des observations, dont plusieurs sont à la fois très-neuves et très-justes, sur la distribution des accens la plus propre à donner à chaque espèce de vers, je ne dis pas de l'harmonie (qui résulte du choix des syllabes plus ou moins sonores), mais du nombre, du soutien, et généralement toutes les qualités qui dépendent de la distribution des accens, et qui naissent de la variété du rhythme.

L'application des principes de M. Scoppa à l'art d'unir la musique à la poésie, fait principalement la matière de la troisième partie de son ouvrage : nous allons en rendre compte dans la section suivante.

SECTION II.

De l'union de la Poésie avec la Musique.

L'union de la poésie avec la musique se fait par deux procédés inverses l'un de l'autre : l'un consiste à composer la musique sur un texte proposé, l'autre à placer des paroles sous une musique déja composée. Le premier est le plus usité, et semble le plus naturel et le plus raisonnable. Dans tous les cas, on peut se faire une idée de la difficulté que présente cette opération, soit au poëte chargé d'adapter la parole au chant, soit au compositeur chargé de revêtir le discours des accens de la musique, en considérant que, dans cette union, la poésie et la musique, outre les qualités qu'elles doivent avoir dans l'état d'isolement, se trouvent encore soumises à certaines conditions qui seules peuvent les rendre capables de s'allier entre elles. Ce qu'il faut remarquer aussi, c'est qu'en s'unissant, elles exercent l'une sur l'autre une action réciproque, en vertu de laquelle l'ensemble, le mixte, si l'on peut s'exprimer ainsi, possède des propriétés différentes de celles des ingrédiens, l'une et l'autre éprouvant alors des modifications qui semblent leur faire perdre quelques-unes de leurs qualités et leur en faire acquérir quelques autres. Nous n'essayerons point d'expliquer ce phénomène, ni d'en rechercher la cause, que nous croyons résider principalement dans le partage d'attention qu'occasionne la présence simultanée de la parole et du chant : nous nous contentons de le consigner ici, parce qu'il expliquera plusieurs observations qui vont se présenter en exposant les opinions de M. Scoppa sur cet objet.

En traitant de l'union de la musique et de la parole, M. Scoppa, non-seulement ne s'occupe pas de l'union avec le discours ordinaire, mais même il semble regarder cette union comme irrégulière, et comme ne pouvant donner que des produits imparfaits. C'est donc uniquement de la poésie qu'il s'occupe ; et, pour développer sa théorie, il considère cette union dans trois degrés, savoir : le vers, la phrase, et les divers genres de compositions poétiques.

Nous ne voyons nulle part que l'auteur ait traité formellement de cette union considérée dans les élémens du discours et dans les mots : objets qui cependant paraissaient dignes de son attention, et dont la discussion eût dû faire partie de son plan. Seulement, en ce qui concerne les mots, M. Scoppa semble admettre ce principe universellement reçu, et qui se pratique par le seul effet de l'instinct musical, sans qu'il soit besoin de préceptes à cet égard ; c'est que, dans chaque mot, toute syllabe affectée de l'accent rhythmique doit être placée au frappé de la mesure, qui lui-même est l'accent rhythmique de la musique, comme l'accent rhythmique est à son tour le frappé du discours : ensorte qu'il y ait coïncidence parfaite entre les accens rhythmiques oratoire et musical, entre les temps de même nature du discours et de la mélodie. Cette règle est fondamentale, et cependant par un des effets de cette action réciproque que nous avons indiquée plus haut, elle souffre quelques exceptions, comme on peut le voir dans l'ouvrage que M. de Framery a publié sous le titre d'*Avis aux poëtes lyriques sur la nécessité de mettre du rhythme dans les vers destinés au chant :* ouvrage où cette matière et plusieurs autres sont très-bien discutées.

En essayant dans la seconde partie de son ouvrage de ramener à ses formules toutes les espèces de vers connus, M. Scoppa s'est en même temps occupé de l'union des vers avec la musique. Là il établit et répète à chaque article qu'il n'y a de propres au chant que les vers, quelle que soit leur espèce, qui fournissent les pieds rhythmiques adoptés par lui, et qui rentrent dans ses formules. Sans doute, ces sortes de vers seront propres au chant : mais, quelle que soit l'indulgence dont nous soyons disposés à user envers l'auteur, il nous est impossible de lui concéder cette généralité exclusive qu'il prétend donner à sa théorie. Car, si l'on adoptait ses opinions à cet égard, il s'ensuivrait que tous les rhythmes ou motifs imaginables de musique rentreraient dans ce petit nombre de formules. Cette prétention n'a aucune espèce de fondement. Nous n'apercevons pas comment il serait possible de limiter et de classer les formes de chant infiniment variées qui peuvent devenir autant de motifs ; et non seulement il paraît impossible de fixer, dans les diverses espèces de vers usités, des coupes exclusivement propres au chant, mais encore on peut assurer qu'il est facile d'imaginer des motifs très-agréables et tout-à-fait irrépréhensibles, qui pourront être appliqués sur des suites de syllabes ou de mots, qui en exigeront même dans lesquelles il sera impossible de découvrir aucune trace de rhythme poétique ou oratoire. C'est encore là un des résultats de cette influence réciproque qu'exercent l'une sur l'autre dans leur union, la poésie et la musique ; influence en vertu de laquelle le rhythme oratoire est presque entièrement absorbé par le rhythme musical, qui, dans le système moderne, est en plusieurs de ses parties constitué sur des principes différens, et qui, dans cette circonstance, domine tellement, que l'autre se remarque à peine, et perd la plus grande partie de ses droits.

M. Scoppa soumet la phrase musicale, et par conséquent la phrase poétique, qui doit être unie au chant, à des restrictions du même genre que celles auxquelles il a soumis les vers. Selon lui, toutes ces phrases doivent être symétriques, c'est-à-dire, formées de membres absolument semblables ; et toute pièce de musique doit offrir une succession non interrompue de phrases symétriques, qui d'ailleurs peuvent, selon la volonté du compositeur, être construites chacune sur une forme différente.

Il est encore évident que cette proposition pèche par un excès de généralité ; et ce défaut est d'autant plus sensible, qu'à raison du petit nombre de formes capables, selon M. Scoppa, de produire des vers propres à la musique, celles des phrases musicales se trouvent elles-mêmes fort limitées. Mais, en supposant que l'on ne se renferme pas dans ces limites et que l'on fasse usage de toutes les formes possibles de phrases symétriques, il sera toujours vrai de dire qu'en effet, dans la musique et dans la poésie aussi bien que dans tous les autres arts, la symétrie est une forme particulière qui jouit de plusieurs avantages, tels que l'élégance et la simplicité, tels que la faculté qu'elle a de rendre les objets plus frappants et plus faciles à saisir; c'est ce que Ptolémée, cité par Salinas, exprime avec autant de précision que de justesse, en ces mots : συμμέτροτερα, εὐληπτότερα; mais quelque merveilleuses que soient ses propriétés, elle n'est pas pour cela une forme exclusive. Elle aura toujours beaucoup de succès étant employée à propos, mais un usage continuel ferait bientôt naître la monotonie et l'ennui; et loin qu'elle soit d'une obligation générale et indispensable, il n'est peut-être pas dans toutes les productions des arts une seule espèce qui, dans un grand nombre de cas, ne puisse s'en affranchir avec succès. Dans la musique, aussi bien que dans le discours, ce n'est pas généralement la symétrie qu'il est à propos d'établir, mais de justes proportions entre les parties, au moyen desquelles le tout soit en un parfait équilibre. La symétrie ne devient indispensable que quand elle est commandée par les circonstances, ou quand, par l'effet d'une disposition quelconque, le poëte ou le compositeur se trouvent avoir pris un engagement auquel il ne serait plus possible de déroger, sans tromper désagréablement l'attente de l'auditeur.

En admettant les cas où la symétrie doit être employée, les moyens que propose M. Scoppa pour l'obtenir, sont certainement infaillibles; mais, comme nous l'avons déja fait voir, ils sont beaucoup trop limités. Les règles qu'il prescrit pour l'union de la poésie avec la musique dans les grandes compositions, sont principalement relatives au genre dramatique. Elle nous ont paru trop nombreuses, et, malgré leur multiplicité, elles ne forment pas un corps de doctrine bien complet, bien lié, ni bien proportionné; à cela près, elles sont justes la plupart : ce sont celles que l'on connaît depuis long-temps, et que suivent tous les compositeurs qui, en écrivant pour la scène, mettent leur ambition à mériter le titre de compositeur dramatique.

DEUXIEME PARTIE.

Propriétés respectives des langues française et italienne en général, et spécialement par rapport à la Musique : du génie de chacune des deux nations pour cet art.

L'examen comparatif des langues française et italienne en général, et sur-tout celui de leurs propriétés par rapport à la musique, fait principalement l'objet de la quatrième et dernière partie de l'ouvrage de M. Scoppa. L'auteur y examine aussi quelle est l'aptitude de chacune des deux nations pour cet art, quelle est particulièrement la situation où il se trouve en France, et quels sont les moyens à prendre pour en accélérer les progrés.

L'examen des caractères généraux des deux langues n'étant pas précisement de notre objet, et M. Scoppa paraissant ne l'avoir entrepris lui-même que pour préparer le parallèle de leurs propriétés musicales, nous ne chercherons point à faire connaître en détail ce qu'il dit sur cette matière, aussi bien que sur l'histoire de notre langue, mais dans la foule des considérations qu'il accumule sur cet objet, il en est une que nous croyons devoir consigner ici, autant par ce qu'elle a de flatteur pour notre langue, que par ce qu'elle offre à-la-fois de justesse et de nouveauté, du moins dans son application au cas actuel.

Cette considération porte sur le caractère de perfection et de stabilité que M. Scoppa déclare reconnaître dans la langue française, et qui se manifeste dans la conformation de ses mots et la structure de sa phrase. Dans chaque mot, dit-il, la syllabe essentielle, la syllabe inaltérable, c'est celle qui porte l'accent rhythmique : les syllabes les moins importantes sont celles qui viennent à la suite de celle-ci ; l'oreille les remarque à peine, et ce sont elles qui déterminent l'altération des langues, parce qu'étant susceptibles d'être négligées sans inconvénient, ce sont elles qui, dans cette altération, disparaissent et s'anéantissent les premières. Or, comme on l'a déja vu, la langue française est presque entièrement formée de mots iambiques, et même, dans la prononciation familière, elle ne possède que des mots de cette espèce : elle n'a donc de ces syllabes parasites que la moindre quantité possible. En outre, si l'on observe la marche qu'ont suivie dans leur formation toutes les langues modernes de l'Europe, on remarquera qu'en tendant à se perfectionner, elles ont toutes simplifié la structure de leur phrase. De toutes ces langues il n'en est pas où cette structure soit plus simple que dans la langue française. Or, on ne saurait concevoir qu'une langue qui, en se perfectionnant, s'est rapprochée le plus possible de l'ordre rationnel et analytique, prenne dans la suite des temps une marche rétrograde, et, abandonnant la clarté et la régularité de sa syntaxe, revienne à la confusion, au désordre, et à l'obscurité de la langue non perfectionnée. Donc, autant dans la structure de sa phrase que dans la conformation de ses mots, la langue française paraît plus que toute autre langue moderne rassembler les caractères de la perfection et de la stabilité : elle les possède au plus haut degré dont elle est susceptible, et désormais elle doit être regardée comme une langue invariable, comme une langue fixée. Peut-être, malgré la rapidité avec laquelle elle marche aujourd'hui vers l'universalité, peut-être, par la suite des siècles, cessera-t-elle d'être une langue en usage, mais les accidens qu'elle pourra essuyer, ne proviendront que de circonstances qui lui sont étrangères : elle pourra éprouver des révolutions dans son empire, elle n'en éprouvera pas dans sa constitution.

Ces conclusions nous paraissent très-légitimes ; et ces avantages, que M. Scoppa prouve être, avec plusieurs autres réunis, dans la langue française, sont bien propres à la dédommager, s'il était nécessaire, de l'infériorité qu'elle pourrait avoir à l'égard de quelques autres langues, et de la langue italienne en particulier, en ce qui concerne la faculté de s'allier à la musique : c'est la question dont nous allons maintenant entreprendre d'ébaucher la discussion.

Premiere Section.

Propriétés respectives des langues française et italienne par rapport à la Musique.

Pour reconnaître les propriétés d'une langue par rapport à la musique, il faut examiner successivement et méthodiquement cette langue dans les sons ou élémens dont elle est formée, dans les syllabes et les mots qui proviennent de l'assemblage de ces élémens, dans la succession des mots, et dans les phrases qui résultent de leurs successions, enfin, dans les genres littéraires qu'elle possède; et voir comment, dans tous ces degrés, elle est susceptible de s'allier à la musique considérée elle-même dans tous les degrés correlatifs: c'est d'après ce plan que nous allons faire l'examen comparatif des propriétés musicales des langues française et italienne, en rapportant sur chaque point les opinions de M. Scoppa.

Article Premier.

Sons élémentaires des langues française et italienne.

De toutes les langues modernes de l'Europe méridionale, la langue française est celle qui possède le plus grand nombre de sons élémentaires; selon l'énumération la plus simple et la plus généralement suivie, on en compte jusques à trente-deux, savoir: douze voix, et vingt articulations. Pour l'intelligence de tout ce qui va suivre, il est nécessaire de placer ici le dénombrement de ces élémens, en l'accompagnant de quelques observations.

Les voix sont de deux espèces, les voix franches, et les voix nasales; les voix franches sont au nombre de huit, savoir :

a è é e i o u ou

(ai) (eu)

Les voix nasales sont au nombre de quatre, savoir :

an, in, on, un.

Les vingt articulations sont

b, p, v, f, m, d, t, n, l, r, y, gn, z, s, j, ch, g, c, gu, qu, (1).

A ces articulations quelques grammairiens ajoutent l'aspiration, représentée par *h*; mais cette addition n'est point fondée en raison : car l'aspiration n'est point un nouvel élément, mais un simple accident de l'impulsion de l'haleine.

Parmi les douze voix, quelques-unes éprouvent en certains cas de légères altérations dans leur nature; mais ces altérations ne sont pas assez importantes pour constituer de nouvelles espèces, elles produisent tout au plus quelques variétés des espèces précédentes.

---

(1) Pour ôter toute obscurité sur la prononciation des articulations, nous joignons ici les observations suivantes.

La prononciation des dix premières articulations est bien connue : elle est la même en français et en italien.

L'articulation représentée par *y* est celle qui est désignée par cette lettre dans les mots *payen*, *Bayard* : les Italiens la représentent par *j* et par *gli*. Ex. *ajuto*, *imbroglio*.

L'articulation désignée par *gn* est celle que l'on voit dans les mots *agneau*, *Bagnères* : elle s'écrit de même en italien.

Les articulations représentées par *g* et *c* sont celles que l'on voit dans ces mots, *galop*, *canon* : elles s'écrivent de même en italien *galoppo*, *canone*.

Enfin, les articulations représentées par *gu* et *qu* sont celles que l'on voit dans les mots *guirlande* et *quittance*. La première s'écrit en italien par les lettres *gh*; et la seconde, par les lettres *ch*, comme dans les mots *Borghi*, *fiaminghi* : *antichi*, *tedeschi*.

Chacune des douze voix est suscesptible de diverses modifications par rapport à la durée : toutes n'ont pas à cet égard les mêmes propriétés. Les douze voix peuvent être longues ou moyennes ; sept seulement peuvent être brèves, savoir : a, é, e, i, o, u, ou ; parmi celles-ci, les quatre dernières, i, o, u, ou, peuvent devenir brévissimes, lorsqu'elles précèdent une autre voix avec laquelle elles forment alors ce que l'on nomme une diphthongue, c'est-à-dire une voix composée de deux autres qui s'émettent par un seul et même acte de la prononciation. Il faut remarquer que hors le mot *oui*, la voix *ou* ne jouit pas de cette faculté dans la prononciation soutenue, mais seulement dans la prononciation familière. Enfin, la voix *eu*, représentée par la lettre *e*, que dans ce cas on appelle *e muet*, est susceptible de devenir nulle, de s'évanouir à la fin des mots.

Pour écrire ces trente-deux élémens, et toutes les syllabes qui en résultent, la langue française possède un alphabet de vingt-cinq lettres seulement. Par conséquent, quelques-uns des élémens n'ont pas de signes qui leur soient propres, et ne sont point représentés dans l'alphabet. Pour remédier à cet inconvénient, on réunit plusieurs lettres, et l'on forme de leur réunion des notations composées, qui tiennent lieu des notations simples. Indépendamment de cette première complication, qui devenait inévitable, les lois de l'étymologie et celles de la dérivation, auxquelles nous avons jugé à propos de soumettre la peinture du discours, ont donné à notre langue une orthographe fort savante, il est vrai, souvent même fort ingénieuse, mais qui, dans tous les cas, est une des plus embarrassantes et des plus compliquées que l'on connaisse.

La langue italienne, moins riche, quant au nombre des élémens, que la langue française, ne possède que six voix, savoir :

a, è, é, i, o, u. (prononcez *ou*)

Parmi ces six voix, il en est une, la voix *o*, qui a deux sons assez fortement nuancés, pour que plusieurs grammairiens la comptent comme formant deux voix différentes; mais, à l'égard du chant, cette différence est à-peu-près nulle. Les sons *è* et *é* s'écrivent en cette langue par la seule lettre *e* sans accent.

Les articulations de la langue italienne sont les mêmes que celles de la langue française, à quelques légères différences près. Des deux sifflantes *x* et *s*, la langue italienne ne possède que la sifflante forte *s*; mais, outre cela, elle a deux autres articulations, qui ne diffèrent des précédentes qu'en ce qu'elles sont légèrement modifiées par les dentales analogues *d* et *t* : et ces deux articulations s'écrivent par la même lettre *z*. De même, des deux autres sifflantes *j* et *ch*, la langue italienne n'a que la sifflante forte *ch*, qui, en cette langue, s'écrit *schi*; mais, outre cela, elle a deux articulations formées de ces deux dernières sifflantes légèrement modifiées par les mêmes dentales, et qui s'écrivent par les lettres *g* et *c* : ces articulations ne se placent que devant les voix *è*, *é*, *i*, exemple, *geloso*, *cimento*.

Ainsi que dans la langue française, les voix, dans la langue italienne, peuvent être longues, moyennes, brèves et brévissimes; et même, en cette dernière langue, toutes les voix sont susceptibles des quatre modifications, et notamment de la dernière. Mais, loin que cette faculté doive être regardée comme un avantage, il en résulte pour la langue italienne un inconvénient sensible, c'est qu'en employant comme prépositives des voix peu susceptibles de devenir brévissimes, telles que *a*, *è*, *é*, elle donne naissance à des diphtongues qui paraissent d'une dureté excessive aux étrangers et aux personnes qui n'y sont point habituées; et cette dureté redouble encore sous le chant, sur-tout dans la voix de basse, qui, comme on sait, forme les sons avec moins de facilité que toutes les autres.

Pour représenter ces vingt-six élémens, la langue italienne emploie un alphabet de vingt-trois lettres, qu'elle assemble d'une manière très-simple et très-uniforme, d'après les lois seules de la prononciation ; en sorte que son orthographe est la plus invariable et la plus facile que l'on connaisse, celle de la langue espagnole exceptée.

Telle est, d'après l'analyse la plus généralement adoptée, l'état comparatif des langues française et italienne, quant au nombre et à l'espèce de leurs sons élémentaires. Pour opérer cette comparaison, M. Scoppa, au lieu de partir, comme nous venons de le faire, des sons élémentaires de chacune des deux langues, prend pour terme de comparaison leurs alphabets respectifs. Or, comme ces alphabets ne présentent pas le tableau exact des élémens ; mais qu'ils ne sont au fond que des moyens empruntés à la langue des Latins, pour peindre de la manière la plus approximative les élémens de nos langues modernes, il s'ensuit que la marche de M. Scoppa est moins directe et plus embarrassée, et que cette partie de son parallèle n'a ni toute la netteté, ni toute la plénitude qu'il eût obtenues en suivant le procédé inverse.

Quoi qu'il en soit, et de quelque manière que s'établisse cette comparaison, il en résulte cette première conséquence : c'est que la langue française et la langue italienne possèdent les mêmes élémens, sauf six voix, que la première a de plus que la seconde.

Nous conviendrons avec M. Scoppa que ce surcroît de richesses procure à la langue française, comme langue parlée, plusieurs avantages réels, puisqu'elle trouve en cela les élémens d'un plus grand nombre de combinaisons, ce qui doit lui fournir des moyens de varier l'expression ; puisqu'elle doit à l'emploi de ces voix, qui sont sa propriété exclusive, une harmonie particulière, dont le principal caractère est de la rendre très-propre à l'éloquence : mais quant à la faculté de s'unir avec la musique, ou plutôt avec le chant, cet excédent de richesses produit, nous devons le déclarer, un résultat très-différent.

En effet, dans le nombre des douze voix, dont six sont communes aux deux langues, il n'en est que trois qui, par la disposition qu'elles exigent de l'organe, soient universellement reconnues comme étant avantageuses pour le chant; ce sont les voix *a*, *è*, *o*. On peut même à ces trois voix ajouter, pour la langue italienne, le son *é*, qui, dans cette langue, est moins serré que dans la langue française. On voit donc que, dans la première, les voix favorables au chant forment les deux tiers du total des voix, tandis que dans la nôtre elles n'en forment que le quart. Outre cela, comme la langue italienne fait de ces voix un usage beaucoup plus fréquent que la langue française, qui semble au contraire affectionner les voix qui lui sont propres, et qui ne fait des autres qu'un usage médiocre, il s'ensuit que la langue italienne fournit en général au chant des syllabes plus sonores, et que, sous le point de vue de l'euphonie, elle est réellement plus favorable à la musique. Cette proposition, qui est démontrée par l'observation autant que par le raisonnement, est d'une vérité reconnue par l'Europe entière, par les poëtes lyriques et les compositeurs français eux-mêmes; et tous les efforts de M. Scoppa pour justifier nos voix ingrates, se réduisent à établir que, dans plusieurs circonstances, les voix franches des autres langues tiennent de la qualité de nos voix nasales et sourdes; que ces voix, après tout, ne sont pas aussi défavorables au chant que l'on peut le penser ou qu'on affecte de le dire, que le poëte lyrique peut en diminuer les inconvénients, en évitant de les employer comme syllabes principales, qu'il peut même en tirer parti pour varier l'harmonie du vers, et par-là celle du chant lui-même. Cet avantage, en le supposant démontré, ne nous paraît pas compenser les inconvénients et les défauts bien reconnus de ces voix sourdes ou nasales; et les précautions à prendre pour éviter les désagréments qui peuvent résulter de l'emploi de ces syllabes, sont certainement une entrave de plus dans la composition des vers lyriques.

Quant à l'usage des articulations, il semble que la langue française jouit en cette partie de quelque avantage sur la langue italienne. Ces éléments sont, comme on l'a vu, les mêmes à-peu-près dans les deux langues; mais la langue italienne, employant de préférence les articulations faibles, évitant les articulations composées, rejetant même, dans ce dernier genre, presque toutes les articulations fortes, il en résulte en général un air de mollesse et d'afféterie qui se répand sur toutes les productions de cette langue; et, comme l'observe M. Scoppa, elle offre au poëte, et par conséquent au compositeur, moins de moyens pour peindre les passions énergiques, que la langue française, qui, employant à propos les articulations de toute espèce, sait conserver un juste milieu entre la faiblesse et l'aspérité, et se rendre propre à exprimer les sentimens les plus doux et les plus délicats, comme les mouvemens les plus violents et les plus terribles.

Article II.

Des mots et de leur enchaînement dans les langues française et italienne.

Au moyen de tout ce que contient l'article précédent, les mots des deux langues, et les deux langues elles-mêmes, se trouvent avoir subi un parallèle presque complet sous le rapport de l'euphonie. C'est pourquoi, en traitant dans cet article des mots et de leur enchaînement, c'est principalement par rapport au rhythme que nous aurons à les comparer. D'après cela, nous allons nous attacher spécialement à reconnaître jusqu'à quel point, dans chacune des deux langues, les mots ou leurs assemblages, considérés comme pieds rhythmiques du discours, sont susceptibles de s'allier avec les pieds rhythmiques de la mélodie.

Qu'il existe en effet dans la mélodie de ces pieds rhythmiques semblables à ceux du discours, c'est une vérité que la plus légère attention porte au plus haut degré d'évidence; car, dans toute réunion de notes successives, on en remarque de distance en distance quelques-unes sur lesquelles on appuye d'une manière plus ou moins sensible. Ces notes d'appui sont ce que les praticiens nomment *bonnes notes* ou *notes fortes*: ce sont celles qui tombent au frappé de la mesure ou au commencement des temps, lorsqu'ils sont marqués; les autres sont appellées *notes de passage*: elles forment la liaison entre les premières, autour desquelles elles viennent se grouper. Les groupes qu'elles produisent, forment en musique des pieds rhythmiques analogues à ceux du discours. Une langue sera donc d'autant plus propre à s'allier avec la musique, que ses pieds rhythmiques auront plus d'analogie avec ceux de la mélodie. Or, le frappé de la mesure peut dans les divers groupes tomber sur la dernière note, sur la pénultième, sur l'antépénultième, ou en-deçà, comme dans le discours; et dans ces divers cas, le pied musical sera iambique, trochaïque, dactylique, ou hyperdactylique. Mais la langue italienne possédant toutes ces sortes de pieds, pendant que la langue française ne possède que les deux premieres, il est clair que, sous ce rapport, elle sera plus que propre à s'allier à la mélodie.

Il est vrai qu'à l'aide de quelques artifices, la langue française parvient à se procurer quelques-uns de ces pieds ou de ces terminaisons dont elle est naturellement privée. De tous les moyens qu'elle emploie à cette fin, le plus usité est celui qui consiste à employer ses terminaisons trochaïques ou féminines, dans lesquelles on donne à l'*e* muet la valeur encore plus fortement exprimée de la voix *eu;* mais ce procédé a deux inconvéniens très-sensibles: le premier est de donner à la langue chantée une prononciation trop différente de celle que peut avoir la langue parlée même dans le système de la déclamation la plus soutenue, système qui doit servir de base à la prononciation chantante:

le second, est de produire une monotonie fatigante par la répercussion continuelle de la voix *eu*, voix peu sonore et peu agréable par elle-même, et dont la manifestation, aussi fréquente qu'illégitime, devient même révoltante en certains cas (1). La langue italienne au contraire, outre le grand nombre de terminaisons féminines de tous les degrés, a encore l'avantage d'offrir, en chacune de ces terminaisons, autant de variétés qu'elle possède de voix différentes; donc, en cette partie, elle a sur la langue française une supériorité incontestable sous le double rapport du rhythme et de l'euphonie. Néanmoins M. Scoppa fait remarquer que le désavantage que la langue française éprouve à cet égard, n'est pas, à beaucoup près, aussi important que l'on pourrait se l'imaginer, parce que toute la force de la prononciation portant sur les syllabes affectées de l'accent rhythmique, toutes les syllabes qui suivent celle-ci sont à-peu-près perdues pour l'oreille, qui, par conséquent, n'en remarque pas les défauts.

Cet *e* muet si décrié jouit cependant, comme l'observe M. Scoppa, de plusieurs facultés qui, dans l'enchaînement des mots, le rendent très-propre à favoriser leur union. La première est, quand à la fin d'un mot il est précédé d'une consonne, et que le mot suivant commence lui-même par une articulation, de pouvoir, en se supprimant dans la prononciation familière, donner au discours toute la vivacité desirable; ou en se faisant légèrement entendre dans la prononciation soutenue, de prévenir le choc qui résulterait de la rencontre de deux articulations : la seconde est, quand le mot suivant commence par une voyelle, de subir

(1) Je me proposais de placer ici quelques observations sur l'abus que font de l'*e* muet les compositeurs tant nationaux qu'étrangers, mais ayant reconnu que cette discussion m'entraînait trop loin et excédait les bornes que je dois me prescrire ici, je renvoie le lecteur au *Traité de la Mélodie*, que je me propose de publier sous peu de temps. *Note du rapporteur.*

une élision totale, tandis que dans la langue italienne ces voyelles finales n'éprouvent point ordinairement une véritable élision, mais ce que les grammairiens grecs nommaient *synalèphe*, dont il résulte le plus souvent une de ces diphthongues si dures dont nous avons déja parlé. Souvent même, il s'en produit de plus dures encore, lorsqu'au lieu d'une simple voyelle on rencontre au commencement d'un mot une diphthongue elle-même; car alors on obtient, à proprement parler, une triphthongue, qui, dans bien des cas, est d'autant plus difficile à prononcer, que l'on se trouve obligé de réunir en une seule syllabe trois sons qui, par leur nature, sont uniquement propres à fournir un pareil nombre de syllabes bien articulées.

Article III.

De la coïncidence de la phrase oratoire avec la phrase musicale, dans les deux langues.

La coïncidence de la phrase oratoire avec la phrase musicale s'opère avec une facilité presque égale dans les langues française et italienne, lorsque la phrase musicale est libre; mais, lorsqu'elle est assujétie à quelque condition particuliere, telle, par exemple, que celle de la symétrie, alors cette union présente, dans la langue française, des difficultés bien supérieures à celles que l'on rencontre dans la langue italienne.

Pour sentir la raison de cette différence, il faut remarquer d'abord que cette condition ne peut concerner que la versification. Or, la versification française offre déja par elle-même beaucoup plus de difficultés que la versification italienne, tant pour l'emploi des syllabes que pour celui de la rime. Quant à l'emploi des syllabes, la versification italienne admet des quotités et des distributions que la versification française rejette. Quant à la rime, on reconnaîtra toutes les difficultés qu'elle présente en cette dernière versification, si l'on considère que la langue française a moins de mots que la langue italienne; qu'une partie de ces mots est exclue du langage poétique; que ceux qui y sont admis sont répartis, quant aux terminaisons, en un beaucoup plus grand nombre d'espèces que ceux de la langue italienne; que ces espèces sont encore multipliées par les variétés de l'orthographe, qui interdisent la rime entre des syllabes dont le son est absolument le même à l'oreille, prohibition dont l'uniformité d'orthographe garantit la langue italienne; que la rime, déja si rare en notre langue, y est encore, tant pour le choix que pour l'agencement, soumise à des lois beaucoup plus sévères que dans la versification italienne. Si à ces excessives difficultés on veut ajouter celles qui naîtraient de l'obligation de servir une phrase de chant symétrique, en plaçant aux mêmes endroits des pieds rhythmiques semblables à l'aide d'une langue où la plus grande partie de ces pieds ne s'obtient que par un pénible artifice, on reconnaîtra que le poëte, forcé d'obéir à de si nombreuses et de si sévères conditions, se trouve dans une position telle, que, de quelque côté qu'il se retourne, il ne saurait faire un pas sans rencontrer devant lui des obstacles presque insurmontables. Ainsi, quelque raisonnables que puissent paraître en eux-mêmes les préceptes que prescrit M. Scoppa, et les procédés qu'il propose pour introduire la symétrie dans notre versification lyrique, il suffit d'avoir la moindre connaissance de la musique, et de s'être quelquefois exercé dans ce genre de composition poétique, pour être convaincu qu'il offre en notre langue des difficultés presque invincibles; et que ce qu'il est possible d'y obtenir de succès, est d'autant moins propre à dédommager des sacrifices par lesquels il les faut acheter, que, loin d'être jamais appréciés, ces sacrifices seront à peine soupçonnés du lecteur, qui ne sentira dans cette versification que les effets de la contrainte, sans en remarquer la cause. Les exemples que cite à ce sujet M. Scoppa, n'offrent en notre langue que la résolution, à-peu-près satisfaisante, des cas les plus simples et les plus ordinaires, et ne servent qu'à faire admirer la facilité merveilleuse avec laquelle la langue italienne franchit en cette occasion les difficultés les plus imprévues, et quelquefois même les plus bizarres.

Article IV.

Des genres littéraires dans les deux langues, considérés par rapport à la Musique.

Ce que nous avons à dire sur l'union des genres littéraires des deux langues avec la musique concerne moins, à proprement parler, les langues elles-mêmes, que le systême littéraire des deux nations; mais il nous semble que le parallèle serait incomplet, si nous hésitions à pousser jusques à ce point la discussion.

Tous les musiciens didactiques admettent, dans l'union de la musique avec la parole, trois styles ou genres distincts, savoir, le style d'église, le style de chambre, et celui de théâtre : le genre de l'église se pratiquant en Italie comme en France, sur les mêmes textes, qui d'ailleurs appartiennent à une langue ancienne, les différences qui pourraient exister en cette partie, ne concerneraient ni les langues ni le systême littéraire des deux peuples, mais leurs habitudes et leur systême musical, dont il n'est point question en ce moment. On peut cependant remarquer qu'en ce style, les Italiens possèdent une espèce qui n'est point usitée en France : ce sont les oratorio, sorte de cantate, et même de drame sacré, écrit en langue vulgaire, qui, en Italie, se chantent dans les églises à certaines solennités.

Dans le genre de chambre, qui admet trois espèces, savoir, les madrigaux, la cantate, et les pièces fugitives ou airs à couplets, la première appartient presque entièrement à l'Italie, qui a produit en ce genre des chefs-d'œuvre à une époque où les troubles intérieurs avaient presque entièrement anéanti l'étude des arts en France : la seconde, qui n'est plus usitée aujourd'hui, a suivi en France les formes que lui avaient données les Italiens qui en sont les inventeurs. Quant à la troisième, je veux parler des pièces à couplets, on ne saurait trop remarquer combien, sous le rapport de la prosodie et de la symétrie qui, d'un couplet à l'autre, est absolument indispensable, la langue italienne donne à ses productions en ce genre de supériorité sur celles de la langue française. En effet, dans les canzoni italiennes, si capricieux, si étrange que puisse être un premier rhythme, une fois adopté, il se suit dans tout le cours d'une composition, qui souvent renferme un très-grand nombre de couplets, il se suit, dis-je, avec une fidélité si inviolable, que l'on peut la chanter d'un bout à l'autre, sans y rencontrer une seule faute de prosodie. Dans nos chansons françaises, au contraire, on ne trouve pas même la plus légère intention d'un dessin rhythmique; la disposition des césures varie non-seulement d'un couplet; mais même d'un vers à l'autre; ensorte que, si l'on ne fait pas subir à chaque instant au chant les altérations indispensables, on ne peut avancer d'une mesure sans faire une faute de prosodie : la cause de cette différence a été suffisammeut expliquée dans l'article précédent.

Ce n'est plus à la prosodie, mais en général aux goûts et aux systêmes d'après lesquels chacune des deux nations s'est accoutumée à envisager et à traiter les différentes parties des arts, qu'il faut attribuer les différences que l'on remarque dans leurs compositions dramatiques et lyriques. Ainsi, quoique parmi les maîtres italiens quelques uns se soient distingués par leur talent à concevoir un ensemble par la sagesse avec laquelle ils en ont ordonné toutes les parties, par le respect avec lequel ils ont observé toutes les convenances, il n'en est pas moins vrai que.

suivant à cet égard le goût et les habitudes nationales, le plus grand nombre d'entre eux semble avoir perdu de vue, quelquefois même méprisé ces lois, ces opérations générales et préliminaires, pour s'attacher uniquement aux parties de détail, aux objets individuels auxquels ils se sont appliqués à donner tout le charme, toute la perfection dont ils étaient capables, considérés chacun en particulier. Moins sensibles à l'agrément des détails, moins curieux de la perfection des objets individuels, les Français se sont, au contraire, essentiellement et avant tout, occupés de la conception de l'ensemble, de l'ordonnance et de la distribution des parties, en les rapportant et les subordonnant toujours à cet ensemble; enfin, de l'observation des convenances et de la vérité locale.

Ces caractères si contrastans se retrouvent dans toutes les grandes compositions lyriques des deux peuples. En Italie, un amant au désespoir se plaint des rigueurs de celle qu'il aime; ou, ce qui est encore plus étrange, un amant fortuné rappelle tendrement à sa maîtresse les faveurs qu'il en a reçues, et lui jure une discrétion, comme une fidélité inviolable, dans un madrigal à huit voix. En France, une semblable disposition paraîtrait d'une absurdité insupportable, et semblerait à peine rachetée par la richesse de l'invention, les charmes de la mélodie, l'élégance du dessin, la profondeur de l'harmonie, la variété des effets, en un mot, par la réunion au plus haut degré de toutes les qualités qui constituent une belle composition; en Italie, cette invraisemblance est la seule chose que l'on ne remarque pas. Il en est de même au théâtre : sur la scène italienne, une bergère et un roi chantent sur le même ton ; un tyran furieux, une mère éplorée, chantent des airs à roulades, des airs d'un caractère, sinon comique, du moins léger et gracieux : l'action dramatique est sans cesse interrompue, pour faire entendre, soit un air, soit un morceau d'ensemble hors de toute proportion, souvent même entièrement étrangers à sa situation. Ce sont autant d'extravagances; il n'est peut-être pas un spectateur italien qui, rentrant en lui-même, ne convienne de l'absurdité d'une pareille disposition. Des écrivains, des compositeurs du premier ordre, parmi lesquels on peut citer B. Marcello, Ap. Zeno, Metastase, Planelli, Arteaga, et autres, ont réclamé contre cet abus avec toute la force du raisonnement, toute la chaleur de l'éloquence; mais lorsque, considéré en lui-même, un morceau d'ensemble, un air, réunissent toutes les qualités qui constituent une pièce parfaite, le spectateur italien oublie toutes les inconvenances, pour se livrer au plaisir, au ravissement que lui inspire un chef-d'œuvre isolé.

En France, au contraire, le drame lyrique est soumis à des lois presque aussi rigoureuses que le drame parlé : le spectateur français veut que la raison ait tracé l'ensemble et toutes les parties du plan. Chaque morceau de musique doit être à sa place; il doit avoir l'étendue qu'elle comporte, et peindre le caractère et la situation des personnages. Lorsqu'il possède ces qualités en un degré suffisant, on lui trouvera toujours assez de charmes et de perfections particulières; s'il ne les possède pas, quelque agrément, quelque mérite dont il puisse être doué en lui-même, il paraîtra faux et déplacé, et produira le plus souvent chez le spectateur français l'impatience et l'ennui.

Voilà donc, comme on peut le reconnaître, deux systêmes et deux méthodes essentiellement différentes; et il semble que, dans la création de leurs grandes compositions, les Français et les Italiens suivent une marche et des préceptes tout-à-fait opposés; que ceux-ci, ayant conçu des détails pleins d'effet et de grace, les combinent et les rapprochent en un seul cadre, pour en former, sinon un ensemble, du moins des groupes plus ou moins heureusement assortis; que les Français, au contraire, concevant d'abord l'ensemble et l'idée principale, s'attachent à en déduire, par la méditation et l'analyse, des détails plus ou moins parfaits. Le premier systême est plus propre à donner des jouissances immédiates; le second satisfait davantage la raison. L'un et l'autre plaisent néanmoins; et, pour ne citer ici qu'un jugement qui ait tous les caractères de l'impartialité, nous remarquerons que chez toutes les nations du nord de l'Europe, les drames lyriques français soutiennent, par les qualités qui leur sont propres, le parallèle avec les drames lyriques italiens; de même que les chefs-d'œuvre des grands peintres français se soutiennent, dans les galeries et les collections des amateurs, à côté de ceux des plus grands maîtres d'Italie.

Article V.

D'un accent musical propre à la langue italienne.

Pour éviter d'interrompre la série des idées, nous avons rejeté à la fin de ce parallèle une discussion relative à un accent particulier que l'on nomme en Italie accent musical, et dont M. Scoppa a fait la matière d'un appendice.

Cet accent, dont on a prétendu tirer un grand parti en faveur de la langue italienne contre la langue française, consiste dans une déclamation fortement nuancée, qui est propre aux habitans de certains cantons de l'Italie : mais, comme l'observe M. Scoppa, bien loin que cet accent soit essentiel à la langue, il convient au contraire de déclarer que, hors de ces cantons, et dans ces cantons même, les personnes de bon ton regardent cette déclamation exagérée comme une habitude qui n'est propre qu'aux gens du peuple et aux villageois; et, dans la conversation familière, les personnes de la bonne société donnent, il est vrai, à leur déclamation des inflexions plus marquées que ne l'est en général l'accent de la langue française à Paris, ainsi que dans les provinces du nord et du centre de la France, mais qui ne sont pas plus sensibles, et qui le sont même moins que l'accent de nos provinces méridionales; ce qui prouve doublement que cet accent n'est ni essentiel à une langue, ni étranger à l'autre.

En outre, et nous nous permettrons de joindre cette observation à celles de M. Scoppa, on sait que dans la composition de la musique unie à la parole, il est pour la formation du chant deux systêmes différens, que l'on peut suivre avec un égal avantage : le premier est de prendre une ou plusieurs idées mélodiques analogues quant à l'expression, au sens du discours, mais purement mélodiques; puis de les développer et de les assembler conformément aux règles de l'art, en les ployant aux formes du texte proposé : telle est la manière, en général, qu'ont adoptée Sacchini, Cimarosa, et tous les maîtres de l'école moderne d'Italie. Le second est de suivre la déclamation à la piste, de l'extraire en quelque sorte du discours, et de la ramener aux formes de la melodie : telle a été généralement la méthode de Pergolèse, de Gluck, et de leurs imitateurs; méthode qui a prévalu en France, comme ayant plus d'analogie avec le systême national. Ces deux méthodes produisent l'une et l'autre de fort bons résultats. Or, on sent très-bien qu'un accent musical tel que celui dont nous venons de parler, favorise le dernier systême, et contrarie le premier : le compositeur qui voudra suivre celui-ci, sera donc obligé de dépouiller la langue italienne de cet accent, qui ne lui est pas essentiel : celui, au contraire, qui voudra suivre le second, sera libre d'appliquer à la langue française cet accent, avec lequel elle n'est point incompatible.

Article VI.

Conclusion de cette première section.

Ce parallèle que nous venons d'esquisser des propriétés des langues française et italienne relativement à la musique, paraît indiquer les élémens qu'il convient d'employer, la marche qu'il est à propos de suivre pour arriver à la solution de la question, laquelle des deux langues est la plus propre à la musique, en ramenant cette question à ses véritables termes, en dépouillant la discussion de tout ce que les passions y ont introduit, en y substituant le langage d'une raison impassible aux mouvemens d'une éloquence plus ou moins attrayante, mais toujours dangereuse et souvent mensongère, en y substituant des notions positives à des idées vagues et indéterminées, et le rapprochement des faits les plus constans à des assertions hasardées. Si la sévérité de notre méthode est faite pour repousser cette classe de lecteurs qui ne peuvent arrêter leur attention sur les matières littéraires, et particulièrement sur celle du genre qui nous occupe, qu'autant qu'elles s'offrent à leurs yeux parées de toutes les fleurs de l'imagination, relevées par la chaleur ou les agrémens du style; nous osons du moins nous flatter qu'elle ne pourra que nous attacher de plus en plus les hommes sensés, les esprits sérieux, en un mot, tous ceux qui sont convaincus que, dans la discussion des questions littéraires, la sagesse et l'impartialité sont les premiers caractères de l'écrivain, comme l'exactitude et la clarté sont le premier mérite des ouvrages. Nous croyons inutile de placer ici le résumé de ce parallèle, qui lui-même est un léger sommaire, dont l'ouvrage de M. Scoppa contient l'utile et intéressant développement; mais nous ne croyons pas devoir le terminer sans justifier son auteur, aux yeux des partisans de la langue italienne, d'un reproche qui lui a été mal à propos adressé. Nous déclarons donc que son intention n'a point été de donner à notre langue une préférence générale, mais de faire remarquer les avantages dont elle jouit, et de faire voir que non-seulement elle n'est point défavorable à la musique, mais qu'elle est susceptible de s'y allier avec beaucoup de succès. Telle était en effet l'opinion qui de tout temps régnait généralement en Europe, et qui sans doute n'eût jamais éprouvé d'altération, si, vers le milieu du siècle dernier, des esprits inquiets et mécontens, des écrivains accoutumés à revêtir les paradoxes les plus étranges de tous les prestiges de l'éloquence, animés d'ailleurs par des ressentimens personnels, ne se fussent chargés d'annoncer à la nation étonnée que la langue française, que cette langue descendue de celle des anciens troubadours, cette langue née au milieu de la poésie et du chant, qui, dès son origine, avait au moyen âge fait les délices de l'Europe; cette langue formée, lors de la naissance des lettres, sur le modèle des plus belles langues de l'antiquité; cette langue, enfin, élevée, par les beaux génies du siècle de Louis XIV, au premier rang des langues littéraires, avait tout-à-coup cessé d'être une langue poétique et musicale; assertions calomnieuses qu'ils n'ont appuyées que sur des considérations vagues et mal raisonnées, et qui d'ailleurs ont été pleinement démenties, autant par la rétractation de leurs propres auteurs, que par le témoignage et les travaux des plus grands maîtres qui aient honoré les trois écoles à cette même époque, et pendant les dernières générations de ce même siècle.

Après avoir traité la question de l'aptitude des langues pour la musique avec tout le soin qu'exigeait une question difficile et délicate, nous ne craindrons pas de paraître en contradiction avec nous-mêmes, si nous déclarons maintenant, et si nous essayons de démontrer que cette question à laquelle on a attaché un si grand intérêt, que l'on a envisagée de tant de manières, que l'on a débattue avec tant d'acharnement, que cette question, disons-nous, n'a pas à beaucoup près, relativement à l'art, toute l'importance qu'elle paraît avoir au premier coup-d'œil. En effet, rien n'empêche de concevoir la musique la plus sublime en elle-même, mise en contact avec la langue la plus ingrate; et, d'après tout ce que l'on a vu précédemment, une langue est ingrate pour la musique, en ce qu'elle lui offre des voyelles peu sonores ou des pieds rhythmiques mal assortis à ceux de la mélodie. Or, pour rendre cette union praticable, la langue éprouvera des altérations qui la rendront susceptible de s'allier à la mélodie ; et ces altérations seront très-peu remarquées, à cause de l'empire que dans cette circonstance la musique prend sur notre attention : mais, en supposant même qu'elles se fassent sentir au point de paraître d'abord offensantes, bientôt l'habitude finira par nous y rendre insensibles, et elles cesseront de former obstacle à l'impression que doivent faire sur nous les beautés de la musique, comme le prouvent les observations suivantes.

Dans toutes les productions des arts, il y a deux choses à considérer, savoir : 1° la pensée et ses développemens intellectuels ; 2° les effets, de quelque genre qu'ils soient. Or, il n'est personne qui ne sache que toutes les impressions vraies, profondes, et durables, sont celles qui naissent de la pensée et de ses développemens ; que les effets, en saisissant ou notre esprit ou nos sens, peuvent bien accroître cette impression par l'étonnement qu'ils nous causent, et qui redouble un moment notre attention ; mais que bientôt notre esprit et nos sens s'accoutumant à cette action, jusqu'alors inconnue, nous finissons par ne plus remarquer ces effets, et nous sommes aussi peu offensés de ce qu'ils peuvent avoir de désavantageux, que peu flattés de ce qu'ils présentent d'agréable. Cette observation s'applique sur-tout à ce genre d'effets qui ne tiennent point à la pensée en elle-même, mais à l'emploi des moyens à l'aide desquels elle est exprimée. Ainsi, lorsque dans l'œuvre d'un grand peintre la pensée est vraie, bien sentie, bien développée, jusque dans ses moindres détails, le spectateur, entraîné par la force du sentiment, oublie les matériaux dont il a jugé à propos ou dont il a été contraint de faire usage, et pardonne, en faveur de la conception et de la beauté des développemens, l'ingratitude et quelquefois même le mauvais effet du coloris. De même, lorsqu'en écoutant les compositions d'un grand maître, nous sommes émus, nous sommes ravis par la beauté de ses pensées, par la pureté de son dessin, par la justesse et la vérité de son expression, nous fermons l'oreille à quelques défauts euphoniques qui se rencontrent dans la langue à laquelle il peut avoir associé ses chants : c'est encore de la même manière, qu'en admirant dans un virtuose la légéreté de ses doigts, le brillant de son exécution, le feu de son imagination, nous oublions l'instrument ingrat que quelquefois le hasard a placé entre ses mains. C'en est assez sur cette matière, et ce que nous venons de dire suffit pour faire voir qu'en comparant l'aptitude de deux peuples pour la musique, ce sont bien moins les propriétés musicales de leur langue, que le génie de ces mêmes peuples pour cet art, qu'il faut s'occuper de mettre en parallèle. C'est aussi par l'examen de cette dernière question que nous allons nous hâter de terminer cette discussion, déja trop prolongée sans doute.

Section II.

Du génie des nations française et italienne pour la Musique.

Qu'entre tous les individus composant une masse d'hommes quelconque, on puisse reconnaître, en les comparant chacun à chacun, de très-grandes différences dans leurs qualités, soit physiques soit morales, c'est ce dont l'expérience nous oblige de convenir, quelle que soit d'ailleurs la cause de ce phénomène : mais si, au lieu de comparer les individus, on s'attache aux masses elles-mêmes, et qu'en les supposant d'une certaine dimension et formées suivant les mêmes lois, on veuille pratiquer sur elles des opérations semblables ou suivre des observations de même nature, l'expérience fait encore voir que l'on obtiendra constamment des résultats semblables, à moins que l'action des mêmes causes ne soit troublée par des circonstances locales, circonstances qu'il est toujours facile de reconnaître, et qu'il est presque toujours possible de maîtriser. Ces observations, qui sont de la plus haute certitude en ce qui concerne la longévité, la force corporelle, et toutes les qualités physiques de l'homme, et qui fournissent des bases très-solides à une foule de calculs et d'opérations, ne sont pas moins certaines en ce qui concerne ses qualités morales, c'est-à-dire, la marche et l'intensité de ses affections et de son intelligence, et elles nous autorisent à poser en principe que les facultés des hommes sont généralement les mêmes d'un peuple à un autre peuple; que les variations que l'on observe à cet égard chez quelques-uns d'entre eux, proviennent de circonstances particulières qui ont déterminé la direction de leurs goûts et de leur attention.

Ces principes et ces observations, probables dans leur généralité, deviennent incontestables lorsqu'il s'agit d'une même race d'hommes. Or tel est le cas actuel : car les peuples dont nous nous occupons en ce moment, les Italiens, les Français, et les Allemands, appartiennent, comme on sait, à la même race, à la même variété de l'espèce humaine : il doit donc régner entre eux une parfaite similitude d'organisation; similitude en vertu de laquelle ils doivent être doués de toutes les mêmes facultés, soit physiques, soit intellectuelles. On ne découvre aucune cause qui ait pu altérer cette similitude primitive : et si, à défaut d'autre cause présumable, on suppose que le climat puisse influer sur l'organisation d'un peuple, on reconnaîtra que, dans la circonstance actuelle, cette cause serait entièrement à l'avantage des Français. En effet, comme l'observe M. Scoppa, le nord de la France est à la même élévation que l'Allemagne; ses provinces méridionales sont au même degré que l'Italie, et celles du centre occupent une latitude moyenne entre celles de ces deux contrées. Sa température est en général exempte des froids rigoureux de la première, et des chaleurs excessives de la seconde, où l'ardeur du climat oblige les habitans de consacrer au repos une partie de la journée : par conséquent, la température de la France est moins incommode, et laisse plus de liberté pour suivre des travaux à l'aide desquels seuls on peut avancer dans la carrière des arts.

Néanmoins, si l'on compare la situation où, depuis plusieurs générations, la musique est en France, avec celle où cet art est en Allemagne et en Italie, on sera tenté de croire que l'organisation des Français est inférieure à celle des Italiens et des Allemands. Car, sans parler des hautes parties de l'art où, par des causes que l'on verra dans quelques instans, ces deux peuples semblent avoir eu jusqu'à ce moment une supériorité presque générale, si l'on s'arrête seulement à comparer les classes inférieures dont l'état a plus de rapport au point de vue sous lequel nous envisageons la question, on verra que dans toute la France, le peuple, dans ses chants ordinaires, crie, chante faux, de mauvais goût, sans mesure, et à l'unisson; en Italie et en Allemagne, au contraire, les gens même les plus grossiers, les artisans, chantent, dit-on, juste, en mesure, et de bon goût : ils font plus encore; d'eux-mêmes et par instinct, ils chantent à plusieurs parties, et s'accompagnent des instrumens. D'après cela, on se hâtera de conclure avec beaucoup de lecteurs, que ces peuples sont nés musiciens; que les Français, au contraire, ne sont pas propres à la musique.

Cette conclusion pourrait sembler légitime, si la moindre attention ne faisait reconnaître qu'elle est précipitée, et que les observations sur lesquelles elle est fondée, n'ont ni toute l'exactitude ni toute la généralité requises. Car, si ces observations sont effectivement vraies par rapport à un grand nombre de villes et de contrées de l'Allemagne et de l'Italie, il n'en est pas de même de toutes en général; et, si l'on étend l'examen à toutes les parties du territoire, on reconnaîtra qu'au milieu même de ces états, il se trouve des peuplades, des provinces entières qui, ayant peu de communication avec celles dont les habitans paraissent jouir d'une organisation si supérieure, qui, ayant dirigé vers d'autres objets leurs goûts et leur attention, paraissent aussi mal organisées pour la musique, ont aussi peu le sentiment de l'intonation, de la mesure et montrent aussi peu de goût que les peuples les plus grossiers de la France : tels sont, en Allemagne, les habitans du Mecklenbourg, et en Italie, ceux du Piémont et d'une partie de la Calabre. De cette observation, qui n'est pas moins certaine que la précédente, on conclura de nouveau, avec une égale certitude, que ce n'est point à la nature, mais uniquement à de bonnes habitudes, à d'heureuses institutions, qu'il faut attribuer cette supériorité d'organisation que quelques personnes accordent si libéralement aux Italiens et aux Allemands en général.

En effet, dans ces villes, dans ces cantons, en apparence si privilégiés de la nature, on rencontre de tous côtés des usages et des institutions qui tendent à faire acquérir au peuple l'habitude, le sentiment, et même la connaissance de l'art. Dans leurs églises, des chœurs de musique bien organisés embellissent les cérémonies du culte; l'orgue accompagne sans cesse le chant du peuple, et lui fait contracter l'habitude de chanter juste et en mesure, en même temps qu'il lui inculque le sentiment de l'harmonie; des concerts fréquens développent et fortifient le goût généralement répandu de la musique : dans des villes même de médiocre importance, on voit souvent plusieurs théâtres lyriques en activité perpétuelle, et dans lesquels, en se succédant tour-à-tour, les virtuoses les plus célèbres viennent entretenir et renouveler le goût; ces théâtres, en multipliant les nouveautés chaque jour, excitent sans cesse le génie des compositeurs, en même temps qu'ils leur procurent un moyen assuré d'existence :

un grand nombre de places sont offertes à l'émulation des maîtres de chapelle; des conservatoires nombreux, des chaires publiques de musique, présentent à tous ceux qui veulent acquérir des connaissances en cet art, une instruction abondante et facile; enfin, jusque dans les petites écoles, la musique vocale et instrumentale s'enseigne aux enfans des classes les plus pauvres, avec les premiers élémens de la lecture et de l'écriture. Comment, avec tant et de si puissans moyens, le talent musical ne se développerait-il pas chez des nations si bien cultivées?

En France, au contraire, point de chœurs de musique dans les églises : ceux qui existaient autrefois, ont été détruits lors de la subversion du culte; ensorte que toute notre musique religieuse se réduit à de mauvais plains-chants modernes à l'unisson, défigurés par les sons rauques et discordans du serpent, ou, ce qui est pire encore, à un chant sur le livre ou contre-point, qu'improvisent des chanteurs dépourvus de science et de goût : l'orgue, au lieu d'accompagner le peuple, lui impose silence, pour substituer à ses chants des improvisations dont les plus estimables, vu le petit nombre d'hommes de talent qui cultivent aujourd'hui cet instrument, ne dépassent pas en général les bornes de la plus étroite médiocrité : peu de concerts; et dans les villes de provinces, quelques théâtres lyriques occupés en leur plus grande partie par des individus sans instruction, sans moyens, et que la misère seule a dirigés vers cette profession, où elle les retient et les accompagne. A Paris, deux théâtres lyriques, dont le principal produit si peu de nouveautés, qu'il doit à cet égard être compté pour rien dans les avantages qu'il procure à l'art aussi bien qu'aux artistes; le second en offrant un plus grand nombre, mais les deux ensemble en présentant moins pour la France entière, que n'en fournit à l'Italie la seule ville de Naples; de ces nouveautés, la plus grande partie devenue le domaine de compositeurs étrangers, ensorte qu'il reste à peine de quoi occuper et entretenir trois ou quatre compositeurs nationaux; point de places de maîtres de chapelle; celles qui existaient avant la révolution, ne procuraient, sous le titre de *maître de musique*, à ceux qui en étaient revêtus, qu'une existence chétive et sans considération; le petit nombre d'emplois en ce genre qui ont été réinstitués depuis quelques années par les autorités locales, l'ont été sur un pied plus mince et plus misérable encore : un conservatoire, il est vrai, mais depuis peu d'années seulement; d'ailleurs, point de cours publics, même pour les parties de l'art qui en seraient susceptibles, point d'écoles préparatoires, point d'enseignement populaire; en un mot, aucune espèce d'hiérarchie dans l'enseignement comme dans l'exercice d'un art qui semble entièrement abandonné à lui-même. Comment pourrait-on espérer qu'avec aussi peu de moyens, avec une organisation administrative aussi imparfaite, aussi nulle, le génie musical prît jamais en France un essor élevé?

Cependant telle est chez les Français la force naturelle de l'organisation musicale, que, malgré des circonstances si contraires et si décourageantes, le petit nombre d'entre eux qui, par un attrait prédominant ou par suite de leur position particulière, se sont adonnés à la culture de la musique, n'ont pas laissé d'y faire des progrès très-remarquables, et de former une école à laquelle cet art a véritablement de très-grandes obligations. Dans la musique vocale, ils ont, en chanteurs et en cantatrices, produit des sujets d'un talent très-distingué ; dans l'exécution instrumentale, ils n'ont depuis long-temps de rivaux dans toute l'Europe ni pour l'habileté ni pour le goût, sur-tout dans la partie la plus essentielle, celle des instrumens à archet ; dans la composition, leurs pièces fugitives, leurs airs à couplets, leurs airs de danse, ces genres qui appartiennent entièrement à la nature, l'emportent par la franchise et la netteté de leur mélodie sur toutes les productions de même espèce de tous les peuples de l'Europe, chez lesquels ils obtiennent même des succès et une préférence souvent exclusive : ils ont trouvé le secret et constamment pratiqué la méthode d'unir la musique au drame, sans rien déranger à l'action, en la secondant, au contraire, et par-là, de se rendre seuls possesseurs, je ne dis pas de la musique dramatique, mais du véritable drame lyrique. La didactique de l'art leur doit la méthode moderne de solfier par les sept notes (1); et les théories d'harmonie universellement admises aujourd'hui, ont reçu chez eux, ou l'existence, ou leurs principaux perfectionnemens (2).

Si, malgré le désavantage depuis si long-temps prolongé et toujours croissant de leur position, les Français sont parvenus

---

(1) Guy de Arezzo avait, dès le onzième siècle, appliqué aux six premiers degrés de l'échelle diatonique les syllabes initiales de chaque membre des vers de l'hymne de Saint-Jean, qui, dans le chant de son temps, répondaient à chacun de ces degrés. (*Voyez* son article, *Dictionnaire Historique des Musiciens.*) De là était venu insensiblement l'usage de solfier à l'aide de ces dénominations; mais la septième note n'ayant point reçu de nom particulier, on était obligé, chaque fois qu'elle se présentait, d'employer la dénomination du *mi*, et de transporter les tétracordes; méthode singulièrement incommode, qui fut en usage pendant cinq cents ans, jusqu'à l'époque où un professeur de Paris, nommé *Le Maire,* donna à cette note le nom de *si,* et délivra la lecture de la musique des embarras qu'y occasionnait la méthode des *muances.*

(2) Quelque abus que l'on ait fait de la considération du renversement des accords, en prétendant la faire servir de base à un système de succession, il n'en est pas moins vrai que cette théorie, réduite à ce qu'elle a de solide et de vrai, est très-utile pour la classification et le dénombrement des accords, et même pour donner les principes du chiffrage musical. Or cette théorie est due aux Français, et notamment à Rameau.

La théorie moderne de l'harmonie, fondée sur la distinction des accords en accords naturels et en accords artificiels, est encore due aux Français, sinon quant à l'invention entière, du moins quant à sa forme actuelle, et quant aux développemens qu'ils lui ont donnés.

en musique à un si haut point, à quel degré ne se fussent-ils point élevés, ou ne s'éleveraient-ils pas même encore, si des circonstances favorables venaient seconder les élans de leur génie? Ils obtiendraient, nous ne craignons pas de le dire, ils obtiendraient dans la musique la même supériorité que, depuis un certain temps, ils possèdent dans un art qui a tant de rapports avec celui-ci, dans la peinture : ou plutôt ils l'eussent conservée. Car, en comparant la situation des deux nations dans la musique, nous n'avons considéré que la période actuelle, période qui comprend deux siècles et demi ou environ; mais si nous portons plus loin nos regards, et que nous cherchions à reconnaître ce qui s'est passé dans les siècles précédens, nous remarquerons des faits aujourd'hui trop peu connus, quoique bien constans, et que, pour la gloire de la nation aussi bien que pour l'encouragement des jeunes français qui se destinent à la carrière de la composition musicale, nous nous empresserons de retracer en ce moment et de proclamer avec tout l'éclat et toute la solennité que commandent leur importance et l'intérêt qu'ils présentent. Nous rappellerons donc à tous ceux qui pourraient l'avoir oublié, nous apprendrons à tous ceux qui pourraient l'avoir ignoré, qu'il fut une époque, ou plutôt une longue série de générations, où, à la suite de succès partiels obtenus dans la culture de la musique, les Français possédèrent dans toutes les parties de cet art une supériorité reconnue de toutes les nations de l'Europe; et à cette vérité déja connue, nous ajouterons une observation que l'on n'a point faite encore : c'est que, par la nature de leurs travaux, et par l'influence que ces travaux ont exercée et ne cesseront d'exercer sur la constitution de l'art, les maîtres français de cette époque furent alors ce qu'ils sont encore aujourd'hui, ce qu'ils seront à perpétuité, les maîtres de toutes ces nations dans l'art de la composition musicale.

Si, pour donner à ces faits toute l'évidence qu'ils méritent, nous mettons à contribution l'histoire de l'art, nous verrons d'abord, dans toute la série des siècles qui se sont écoulés depuis leur origine, les trois nations concourir, par des efforts presque égaux et des alternatives presque égales de succès, à la formation et au développement du système moderne et de ses principales branches. Pour ne parler ici que des Français, les seuls dont nous ayons à défendre les droits contestés, nous voyons au neuvième et au dixième siècles Remi d'Auxerre, et Odon de Cluny, son élève, publier sur le chant ecclésiastique, le seul qui fut alors en usage, et qui fut l'objet d'une théorie formelle, des ouvrages reçus comme classiques par tous les hommes éclairés de cette époque (1). Au onzième siècle, environ deux générations après Guy d'Arezzo (vers 1060), nous voyons le scholastique de la cathédrale de Liége, Franco, de Cologne selon les uns, de Paris selon les autres, et, dans tous les cas, docteur parisien, selon la qualification qui lui est généralement attribuée, devenir le premier auteur approuvé sur la musique mesurée (2), et donner les premières figures indicatives des variétés de la durée; avant lui, on ne connaissait que les valeurs toujours égales du plain-chant. Au quatorzième siècle, Jean des Murs, vulgairement appelé *J. de Muris,* autre docteur parisien, parisien

---

(1) *Vid.* Gerbert: *Scriptores ecclesiastici de Musicâ sacra potissimum*, Tom. Ier. Voyez aussi Forkel : *Allgemeine Litteratur der Musik , oder Anleitung zur Kenntniss musikalischer Bücher.* Pag. 103, 104.

(2) *Non enim erat musica tunc mensurata , sed paulatim crescebat ad mensuram , usque ad tempus Franconis , qui erat musicæ mensurabilis primus auctor approbatus* : Manuscrit ancien, cité par Burney, History of Musick, tome II, page 182.

Voyez aussi Gerbert, *Scriptores ,* tome III. Marchetti da Padova, *Pomerium in Arte Musicæ mensuratæ ,* où Franco est cité plusieurs fois comme inventeur du chant mesuré.

lui-même, ou normand, selon quelques auteurs, publie sur toutes les parties de l'art une suite d'excellens écrits qui en reculent les limites, et qui deviennent pour long-temps la lumière de l'école (1). Mais lorsque, dans la première génération du quinzième siècle, le contre-point et l'harmonie, abandonnant une marche timide et incertaine, et quittant des routes inégales et mal tracées, prennent tout-à-coup un vol hardi et franchissent les obstacles les plus élevés, ce sont les Français qui, selon l'expression d'un auteur contemporain, animés en quelque sorte de l'esprit divin, s'élancent les premiers au sommet de la science, surmontent les difficultés les plus effrayantes, et qui, de concert avec les Flamands, prompts à marcher sur leurs traces, à s'associer avec eux, donnent au dessin musical les formes les plus savantes, enrichissent l'art des procédés les plus ingénieux, créent toutes les méthodes qui sont aujourd'hui même et pour toujours en usage, et dont la connaissance, bien supérieure à la portée du vulgaire, n'est encore à présent l'apanage que des plus savans compositeurs. A la tête de ces créateurs, de ces patriarches de l'harmonie, on place le vénérable Guillaume Dufay, qui le premier apprit aux instrumens à outre-passer les limites des voix; auprès de lui, Egide Binchois, Brasart, l'anglais Dunstable, et quelques autres contrapuntistes. La génération suivante présente Ant. Bûnois, Guill. Fauques, Firmin Caron, J. Régis, les Flamands Hobrecht et Okenheim : ceux ci sont suivis à leur tour des Français et des Flamands Ant. Brumel, Fevim d'Orléans, JOSQUIN DEPREZ, maître de chapelle de Louis XII, qui fut l'aigle de toute cette école; des nombreux élèves de ce même Josquin, parmi lesquels on remarque Nic. Gombert, J. Mouton, et d'une

---

(1) Voyez Gerbert, *Scriptores ecclesiastici*, Tome III.

quantité d'autres qui fleurirent jusqu'au rival de Palestrina, Roland de Lassé, mort à la fin de ce siècle mémorable (1).

---

(1) Jean Teinturier, dit *J. Tinctoris*, de Nivelle en Brabant, s'exprime ainsi dans le *procemium* de son livre *De Arte contrapuncti*, composé en 1476, et non imprimé.

Neque, quod satis admirari nequeo, quippiam compositum, nisi citra annos quadraginta, extat quod auditu dignum ab eruditis existimetur. Hâc vero tempestate, ut prætercam innumeros concentores venustissimè pronunciantes, nescio an virtute cujusdam cœlestis influxûs, an vehementiâ assiduæ exercitationis, infiniti florent compositores, ut Joannes Okenheim, Joannes Regis, Antonius Busnois, Firminus Caron, Guillelmus Fauques, qui novissimis temporibus vitâ functos Joann. Dunstable, Egidium Binchois, Guillelmum Dufay, se præceptores habuisse in hâc arte divina gloriantur. Quorum omnium virûm ferè opera tantam suavitudinem redolent, ut, meâ quidem sententiâ, non modò hominibus heroibusque, verùm etiam Diis immortalibus dignissima censenda sint.

Et ce que je ne puis assez admirer, c'est qu'à l'exception de ce qui a été composé depuis quarante ans, il n'existe rien que les gens instruits jugent digne d'être entendu. Mais de nos jours, sans parler d'une multitude innombrable de concertans qui exécutent avec goût, je ne sais si c'est l'effet d'une influence divine, ou celui d'une application continuelle et infatigable, nous voyons fleurir une infinité de compositeurs tels que J. Okenheim, J. Regis, Ant. Busnois, Firmin Caron, Guillaume Fauques, qui se glorifient d'avoir eu pour maîtres en cet art divin J. Dunstable, Egide Binchois, G. Dufay, morts depuis peu de temps; et les ouvrages de presque tous ces modernes compositeurs respirent une telle grace, une telle fraicheur, qu'ils sont dignes, à mon avis, d'être entendus non-seulement des hommes et des héros, mais même des Dieux immortels.

Dans le *procemium* de son *Proportionale Musices*, Tinctoris répète à-peu-près le même récit, avec cette observation que, si la musique a depuis peu de temps pris un accroissement si extraordinaire, qu'elle semble être un art nouveau, il faut attribuer ces progrès inattendus au soin qu'ont pris les princes de son temps d'instituer des chapelles ou chœurs de musique d'église bien entretenus. *Denique principes christianissimi.... cultum ampliare divinum cupientes, more davidico capellas instituerunt, in quibus diversos cantores, per quos diversis vocibus, non*

L'Allemagne posséda aussi à la même époque plusieurs compositeurs de mérite, élèves des Français et des Flamands, tels

---

adversis, Deo nostro, jucunda decoraque esset laudatio, ingentibus expensis assumpserunt.

Hermann Finck, dans le premier chapitre de l'ouvrage intitulé: *Musica practica*, qu'il publia à Nuremberg en 1556, donne, sur les compositeurs de cette époque si intéressante, de nouveaux détails que nous transcrirons ici parce qu'ils sont intéressans et peu connus.

Après avoir parlé des inventeurs de la musique chez les anciens, l'auteur ajoute:

Postea alii quasi novi inventores secuti sunt, qui propius ad nostra tempora accedunt, ut Joh. Greisling, Franchinus Gafforius, Joh. Tinctoris, Dufay, Busnois, Binchois, Caron, et alii multi, qui etiamsi ipsi quoque composuerunt, plus tamen in speculatione et docendis præceptis operam posuerunt, et multa nova signa addiderunt.

Ensuite sont venus de nouveaux inventeurs, qui approchent davantage de nos jours, tels que J. Greisling, Franch. Gafforio, Joh. Tinctoris, Dufay, Busnois, Binchois, Caron, et un grand nombre d'autres, qui, malgré qu'ils se soient occupés de la composition, se sont cependant plus appliqués à la théorie et à l'enseignement, et ont enrichi l'art d'une grande quantité de signes nouveaux.

Circa annum 1480, et aliquantò post, alii extiterunt præcedentibus longè præstantiores: illi enim in docenda arte non ità immorati sunt, sed eruditè theoricam cum practica conjunxerunt. Inter hos sunt Henricus Finck, qui non solùm ingenio, sed præstanti etiam eruditione excelluit; durus verò in stylo. Floruit tunc etiam Josquinus de Pratis, qui verè pater musicorum dici potest, cui multum est attribuendum; antecelluit enim multis in subtilitate et suavitate, sed in compositione nudior, h. e. quamvis in inveniendis fugis est acutissimus, utitur tamen multis pausis. In hoc genere sunt

Vers 1480, et peu de temps après, il parut des compositeurs bien supérieurs aux précédens, car ils ne s'arrêtèrent pas à l'enseignement de l'art, mais ils joignirent savamment la théorie avec la pratique. De ce nombre est Henri Finck, qui se distingua non-seulement par son génie, mais par sa grande érudition; néanmoins il avait un style dur. A la même époque on vit fleurir aussi Josquin Deprez, qui peut vraiment être appelé le père des musiciens, et à qui l'art a beaucoup d'obligations. Il surpassa tous les autres en habileté et en agrémens; mais il est un peu nu dans sa composi-

que L. Senfel, H. Isaac, etc. Mais l'Italie, déchirée par les guerres dont elle fut le théâtre, ne produisit alors ni compositeurs ni chanteurs d'un talent distingué; et l'on sait générale-

---

et alii peritissimi musici, scil. Okenheim, Obrecht, Petrus de Larue, Brumelius, Henricus Isaac, qui partim ante Josquinum, partim cum illo fuerunt; et deinceps Thomas Stolzer, Stephanus Mahu, Benedictus Ducis, et alii multi, quos brevitatis gratiâ omitto.

tion, c'est-à-dire que, quoiqu'il soit très-adroit à traiter la fugue, il se sert trop de la pause. Il y a encore dans ce même genre plusieurs autres musiciens très-habiles, tels que Okenheim, Hobrecht, Pierre de la Rue, Brunel, H. Isaac, qui ont fleuri partie en même temps que Josquin, et partie avant lui : viennent ensuite Thomas Stolzer, Etienne Mahu, Benoît Ducis, et plusieurs autres, que j'omets pour abréger.

Nostro verò tempore novi sunt inventores, in quibus est Nicolaus Gombert, Josquini piæ memoriæ discipulus, qui omnibus musicis ostendit viam, imò semitam ad quærendas fugas ac subtilitatem, ac est auctor musices planè diversæ a superiori. Is enim vitat pausas, et illius compositio est plena cùm concordantiarum tùm fugarum. Huic adjungendi sunt Thomas Crecquillon, Jacobus Clemens Nonpapa, Dominicus Phinot, qui præstantissimi, excellentissimi, subtilissimique, et pro meo judicio existimantur imitandi. Itemque alii sunt, Cornelius Canis, Lupus Hellinc, Arnolt, de Prug, Verdelot, Adrian Willaërt, Jossen Junckers, Petrus de Machicourt, Jo. Castileti, Petrus Massenus, Mattheus Lemeistre, Archadelt, Jacobus Vaet, Sebastian Hollander, Eustachius Bar-

Mais, de nos jours, il existe plusieurs nouveaux inventeurs, parmi lesquels on distingue *Nicolas Gombert*, élève de Josquin, de pieuse mémoire, qui a montré à tous les compositeurs le chemin, et même le sentier pour trouver des fugues et tous les tours imaginables, et qui a fait entendre une musique tout-à-fait différente de la précédente. En effet il évite les pauses, et sa musique est en même temps pleine d'harmonie et de fugues. Il faut lui asssocier Th. Crecquillon, Jacques-Clément Nonpapa, Dominique Phinot, qui, selon moi, sont les plus distingués, les plus excellens, et les plus dignes d'être proposés pour modèles. Je citerai aussi Cornelius Canis, Lupus Hellinc, Arnolt de Prug, Verdelot, Adrien Willaërt, Jossen Junckers, Pierre de Machicourt, J. Castileti, Pierre

ment que durant tout ce temps, qui fut celui des règnes de Louis XI, de Charles VIII, de Louis XII, et de François Ier, c'était de France, et principalement de nos provinces septen-

---

bion, Joannes Crespel, Josquin Baston, et complures alii.

Hos ego et alios etiam, quorum hîc non feci mentionem, in alio libello recensebo. Ibique multa de vita et studiis ipsorum, tàm veterum quàm recentiorum, quantum quidem non solùm ipse vidi aut legi, sed etiam ex aliorum relatu cognoscere potui, adjiciam. Hi musici ex tempore ad omnem propositum choralem cantum pertinentes voces adjungunt, et contrapunctum suum pronunciant, dulcedine vocis alios longè superant, et verum finem artis consecuti, apud nostrates in majore sunt admiratione et gratia quàm cæteri.

Massenus, Matthieu Lemeistre, Archadelt, Jacob Vaet, Sébastien Hollander, Eustache Barbion, Jean Crespel, Josquin Baston, et plusieurs autres.

Je parlerai, dans un autre livre, de ces derniers et *de plusieurs autres*, que je n'ai point cités ici; et j'y donnerai un grand nombre de détails sur la vie et les travaux de tous ces auteurs, tant anciens que modernes, non-seulement d'après ce que j'ai lu et vu par moi-même, mais d'après ce que j'ai appris par les rapports qui m'ont été faits. Ces compositeurs dont je parle, savent ajouter à quelque sujet que ce soit de chant choral, les parties convenables, ils en forment leur contrepoint; ils surpassent de beaucoup les autres par la douceur de leur chant; ils ont atteint le véritable but de l'art : aussi jouissent-ils parmi nos contemporains d'une plus grande faveur et d'une plus grande considération que les autres.

Les mêmes faits sont attestés par Georges Forster, J. Nucius, Sebald Heyden, et quantité d'autres écrivains du quinzième et du seizième siècle dont nous ne rapporterons point ici le témoignage : nous renvoyons, sur cet objet, le lecteur à l'ouvrage de M. Forckel, *Allgemeine Geschicte der Musik* (Histoire Générale de la Musique) Tome II, pages 484 et suivantes. Voyez aussi pages 515 et suivantes du même ouvrage. Enfin, on peut consulter le *Dodecachordon* de Glaréan, imprimé en 1547, qui renferme toute la doctrine de ces maîtres, un grand nombre d'exemples tirés de leurs œuvres et des détails sur la vie de plusieurs d'entre eux.

nales, que l'on tirait les chanteurs, les compositeurs, et la musique, pour le service des chapelles des princes d'Allemagne et d'Italie, et même de celle des papes (1). Lorsque, vers le milieu

---

(1) Le passage suivant, que nous extrayons des Réflexions critiques de M. l'abbé Dubos sur la poésie et la peinture, prouve à-la-fois la vérité de cette assertion, et confirme ce que nous avons dit précédemment sur la supériorité des Français et des Flamands dans la musique pendant tout le cours du seizième siècle. Nous le donnons ici en son entier, à cause de l'intérêt des détails, et de la justesse des réflexions qu'il renferme.

.... Je ne veux point entrer davantage dans l'examen du mérite de la musique française et de la musique italienne....

Je me contenterai donc de faire quelques remarques historiques touchant la musique italienne. L'auteur d'un poëme en quatre chants (imprimé en 1713) sur la musique, où l'on trouve beaucoup d'esprit et de talent, prétend que, lorsque le genre humain commença, vers le seizième siècle, à sortir de la barbarie et à cultiver les beaux-arts, les Italiens furent les premiers musiciens, et que la société des nations profita de leurs lumières pour perfectionner cet art. Le fait ne me paraît pas véritable. L'Italie fut bien alors le berceau de l'architecture, de la peinture, et de la sculpture, mais la musique renaquit dans les Pays-Bas, ou pour mieux dire, elle y fleurissait déja depuis long-temps avec un succès auquel toute l'Europe rendait hommage. Je pourrais alléguer en preuve Commine et plusieurs autres écrivains, mais je me contenterai de citer un témoin sans reproche, et dont la déposition est tellement circonstanciée, qu'elle ne laisse plus aucun lieu au doute. C'est un Florentin, Louis Guichardin, neveu du fameux historien François Guichardin. Voici ce qu'il en dit dans un discours sur les Pays-Bas en général, qui sert de préface à sa description de leurs dix-sept provinces, livre très-connu et traduit en plusieurs langues (Edit. Janss. p. 29). *Nos Belges sont les patriarches de la musique, qu'ils ont fait renaître, et qu'ils ont portée à un grand point de perfection. Ils naissent avec un génie heureux pour la cultiver, et leurs talens pour l'exercer sont si grands, que les hommes et les femmes de ce pays chantent presque tous naturellement avec justesse comme avec grace. En joignant ensuite l'art avec la nature, ils parviennent à se faire admirer par la composition, comme par l'exécution de leurs chansons et de leurs symphonies dans toutes les cours de la chrétienté, où leur mérite leur fait faire de si belles fortunes. Je ne nommerai*

du seizième siècle, les écoles d'Italie commencèrent à sortir du néant; ce furent les Français et les Flamands qui en furent les

---

que ceux qui sont morts depuis peu, et les vivans. Au nombre des premiers sont: Jean Teinturier de Nivello, dont le rare mérite m'obligera de faire ci-dessous une mention particulière, Josse Duprat (Josq. Deprez); Aubert Ockeghuem (Okenheim) Richefort, Adrien Villaërt, Jean mouton, Verdelot, Gombert, Loup-Louvart, Courtier, Crequillon, Clément, Corneille Hont. On compte parmi les vivans, Cyprien de la Rosée, Jean Cuich, Philippe Du Mont, Roland Lassé, Mancicourt, Josse Baston, Chrestien Holland, Jacques Vaet, Bonmarchez, Severin Cornet, Pierre Hot, Gerard Tornhout, Hubert Valcrand, Jacques Berchems d'Anvers, André Pevernage, Corneille Verdonk, et plusieurs autres répandus dans toutes les cours de la chrétienté, où ils sont comblés de biens et d'honneurs comme les maîtres de cet art. En effet la postérité de Mouton et celle de Verdelot ont été célèbres en France dans la musique jusqu'à nos jours. On observera que Louis Guichardin, qui mourut l'année de l'avénement de notre roi Henri IV à la couronne (1589), parle de la possession où étaient les Pays-Bas de fournir l'Europe de musiciens, ainsi que l'Italie le fait aujourd'hui concurremment avec la France, comme d'une possession qui durait depuis long-temps.

L'Italie elle-même, qui pense maintenant que les autres peuples ne savent en musique que ce qu'ils ont appris d'elle, faisait venir ses musiciens de nos contrées avant le dernier siècle, et payait alors le même tribut à l'art des ultramontains, qu'elle prétend recevoir aujourd'hui de tous les peuples de l'Europe. Il me souvient bien d'avoir lu dans les écrivains italiens plusieurs passages qui le prouvent, mais je crois devoir épargner au lecteur la peine de les lire, et à moi celle de les retrouver. Je ne pense pas qu'il demande d'autres preuves que le passage de Guichardin que j'ai cité. Je me contenterai donc d'alléguer encore un passage du Corio, qui nous a donné une Histoire de Milan si curieuse et si connue de tous les savans. Dans le récit que le Corio fait de la mort du duc Galeas Sforce Visconti, qni fut assassiné, en 1476, dans l'église de Saint-Etienne de Milan, il dit (fol. 241): *Le Duc aimait beaucoup la musique, et même il tenait à ses gages une trentaine de musiciens ultramontains, auxquels il donnait de gros appointemens. Un d'eux, nommé Cordier, touchait du prince cent ducats par mois.*

L'erreur de croire que les Italiens fussent les restaurateurs de la musique en Europe, a jeté le poëte dont je parle dans une autre erreur; c'est de faire

restaurateurs ou les fondateurs. Adrien de Willaert, de Bruges, élève de J. Mouton, maître de chapelle de François Ier, fut maître

un Italien de Roland Lassé, un des musiciens des Pays-Bas, loué par Guichardin. Ce poëte le cite donc sous le nom d'Orlando Lasso, et il nous dit qu'il fut un des premiers réparateurs de la musique. Mais cet Orlando Lasso, quoiqu'on le trouve, dans quelques auteurs mal informés, avec ses deux noms terminés à l'italienne, n'en était pas plus Italien que le *Ferdinando Ferdinandi* de Scarron, qui était natif de Caën en France. La méprise vient de ce que Roland Lassé a pris, à la tête de plusieurs œuvres dont les paroles sont latines, le surnom d'*Orlandus Lassus*, en latinisant son surnom suivant l'usage de ce temps-là. Quelqu'un, prévenu que tout bon musicien devait être Italien, aura donné à ces deux noms la terminaison italienne, en les traduisant en français. Roland Lassé était Français, ainsi que la plupart des musiciens cités par Guichardin, à prendre le nom de Français dans sa signification la plus naturelle, qui est de signifier tous les peuples dont la langue maternelle est le français, sous quelque domination qu'ils soient nés. Comme un homme né à Strasbourg est Allemand, quoiqu'il soit né sujet du roi de France, de même un homme né à Mons en Hainault est français, quoiqu'il soit sujet d'un autre prince, parce que la langue française est dans le Hainault la langue naturelle du pays. Or Roland Lassé, qui mourut sous le règne de notre roi Henri IV, était de Mons, comme on le peut voir dans l'Histoire de De Thou, qui fait un éloge assez long de ce musicien (lib. 119. p. 459). On ne saurait même dire que Lassé puisse être réputé Italien parce que l'Italie aurait été sa patrie d'élection. Après avoir demeuré en différens endroits de l'Europe, il mourut au service de Guillaume duc de Bavière, et il fut enterré à Munich. Enfin ce musicien est postérieur à Gaudimelle et à plusieurs autres musiciens célèbres du temps de Henri II et de François premier. (*Du Bos, Réfl. Crit.* Tom. Ier, p. 493.)

Cyprian Rosée, de Malines, nommé par les Italiens, *Il Divino Cipriano*, passa toute sa vie en Italie, où il exerça en plusieurs endroits les fonctions de maître de chapelle.

Josquin Deprez fut chanteur à Rome sous Sixte IV, qui régna de 1471 à 1484, selon Andrea Adami da Bolsena, dans ses *Osservazioni per ben regolare la capella pontificia*, qui ajoute même que le nom de ce compositeur est inscrit au palais du Vatican : et Zarlin voulant prouver à quel point la prévention influe sur le jugement que certaines personnes portent des productions des arts, raconte les

de chapelle de la seigneurie de Venise, et eut pour disciple le célèbre Zarlin, son successeur, dont les écrits renfermant la substance de tous les didactiques antérieurs, sont regardés aujourd'hui comme la base de l'enseignement sévère; et ces deux maîtres eux-mêmes sont regardés comme les chefs de l'école de Venise. Palestrina, le plus grand maître et le chef de l'Ecole romaine, fut élève de Goudimel, de Besançon, sous lequel il vint en France étudier la composition; car on venait alors se perfectionner en France dans la musique, comme on va aujourd'hui se perfectionner en Italie. Enfin, l'école de Naples eut pour fondateurs et premiers professeurs J. Tinctoris et B. Hycart, qui furent appelés en cette ville par le roi Ferdinand pour y établir une Académie.

Indépendamment des textes formels et du récit des historiens, qui établissent la certitude de ces faits, il est encore un autre genre de preuves qui les consolide et leur donne cette fixité,

---

faits suivans, qui prouvent quel était l'usage et l'estime que l'on faisait en Italie des compositions de Josquin. « Cantandosi in presentia della nominata signora (la « duchessa d'Urbino), un canto non piacque, ne fù riputato nel numero dei buoni, « fino a tanto che non si seppe che la composizione era di *Giosquino :* la onde « allora riputato, per il nome che avea esso Giosquino a quei tempi; cosa rara. « Quanto possa eziandio alcuna voltà la malignità et l'ignoranza insieme degli « uomini, voglio dir quello che intravenne all' eccellentissimo Adriano Willaerte in « Roma nella capella del Pontefice quando venne di Fiandra in Italia al tempo di « Leone X, che cantandosi sotto il nome del sudetto Giosquino il motetto *Verbum* « *bonum et suave*, il quale si solea cantare ad ogni festa di Nostra Donna, ed era « tenuto per una delle belle composizioni che a quei tempi si cantasse, avendo « detto ai cantori che cotal canto era il suo, com' era veramente, tanto valse la « ignoranza (o come dirò più modestamente) la malignità e la invidia di quei « cantori, che mai più non lo volsero cantare. »

Nous pourrions citer un beaucoup plus grand nombre de témoignages : ceux-ci joints aux observations qui vont suivre, nous paraissent suffisans.

cette permanence que nous y avons si hautement relevée. Que l'on parcoure les ouvrages des auteurs didactiques de toutes les nations qui ont écrit depuis le milieu du quinzième jusqu'à la fin du seizième siècle, depuis J. Tinctoris et Fr. Gafforio jusqu'à Zarlin et Artusi, on verra que la doctrine de ces auteurs, qui sert de fondement à toute l'école, est entièrement établie sur les préceptes et les exemples des maîtres français et flamands : tous les recueils que, dans le commencement du seizième siècle, on forma des messes, psaumes, motets et autres pièces de musique en différens genres, qui avaient jusqu'alors obtenu le plus de succès, ceux même de ces recueils qui furent imprimés en Italie, où se fit la découverte de l'imprimerie musicale (1), ne sont composés que des ouvrages de ces maîtres. Nulle part on ne rencontre le nom d'un seul compositeur italien : ce n'est que dans les Traités de Zacconi, de Cerone (2) et autres, qui ont écrit vers le commencement du dix-septième siècle, que l'on commence à voir le nom des maîtres d'Italie accolé à celui des anciens maîtres français ou flamands, et cela, non pour réformer ou pour corriger leur doctrine; car, ainsi que l'observe Berardi, dans ses *Miscellanei musicali*, ils avaient depuis long-temps posé les bornes de l'art, mais uniquement pour la confirmer et l'éclaircir. Cette méthode s'est conservée jusqu'à nos jours dans tous les didactiques instruits, tels que le P. Paolucci et le savant P. Martini, dans les écrits desquels on voit ces noms respectés perpé-

---

(1) En 1508, par Ott. Petrucci de Fossombrone. Il est même très-remarquable que le premier recueil de ce genre, imprimé en cette année à Fossombrone, est entièrement composé d'ouvrages de ces maîtres, en usage pour la chapelle du pape. *Voyez* Bnrney, Tome II.

(2) Zacconi : *Prattica di Musica, parte prima*, Venise, 1592; *parte seconda*, Venise, 1622.

Cerone : *El Melopeo y maestro*, *trattado de Musica theorica y pratica*, *etc. Napoli*, 1613.

tuer une alliance devenue à jamais indissoluble. Il est donc bien démontré que, dans ses principes aussi bien que dans ses méthodes, toute l'école moderne repose sur l'enseignement des maîtres de l'école gallo-belge du quinzième et du seizième siècles.

Quelle peut donc avoir été la cause de la décadence de cette école, et de la supériorité qu'ont depuis acquise les écoles d'Italie? Elle est toute entière dans deux faits de même nature, quoique entièrement opposés. Ce furent d'une part les guerres civiles qui déchirèrent le royaume, et les troubles antérieurs qui l'agitèrent pendant plus d'un siècle (depuis la mort de François Ier jusqu'à la majorité de Louis XIV). Durant tout ce temps, toute l'attention des Français s'étant portée vers la guerre, la France produisit, il est vrai, selon l'observation de Burney, de très-grands capitaines, mais elle fut beaucoup moins féconde en savans et en artistes. La musique sur-tout éprouva un déclin sensible, parce qu'une partie des institutions qui la concernaient, et notamment celles qui étaient attribuées au culte, ayant été renversées, l'art fut négligé et devint languissant parmi nous. Ce fut, au contraire, en Italie, la paix profonde dont jouit depuis cette même époque l'intérieur de cette contrée, paix qui régna sans interruption pendant plus de deux siècles, et pendant laquelle les sciences et les arts furent cultivés avec d'autant plus de zèle et de succès, qu'ils reçurent une protection, des honneurs et des encouragemens extraordinaires. C'est précisément au milieu de ce seizième siècle que parut ce fameux Palestrina, ce père de toute l'école moderne d'Italie, qui, joignant à l'exactitude, à la profondeur des maîtres français et flamands, un grandiose, une majesté, un caractère, une expression même que durent négliger ces créateurs de l'art, trop préoccupés de la détermination des formes, frappa tous les esprits par l'élégance et la pureté de ses dessins, ravit tous les cœurs par la douceur et l'onction de ces chants : de même que dès le commencement de ce même siècle, et dans cette même école romaine, on avait vu Raphaël effacer tous les peintres qui l'avaient précédé, en ajoutant à leurs formes savantes, il est vrai, mais rigoureuses et inanimées, une noblesse, une grace, un sentiment inconnus jusqu'à lui.

Pendant qu'en Italie, sous la conduite de Palestrina et de ses nombreux et savans successeurs, l'art musical marchait rapidement à travers une suite de révolutions vers tous les genres de perfection, il demeurait, au contraire, stationnaire, ou même rétrogradait au sein de la France, en proie à toutes sortes de convulsions; enfin, lorsqu'à l'époque de la majorité de Louis XIV, ce grand roi, prenant en sa main les rênes du gouvernement, fit asseoir les beaux-arts auprès de son trône, la musique tint parmi eux un rang distingué. Lully, Florentin, en transportant sur notre scène lyrique cet art au point où l'avaient élevé Cavalli et ses contemporains, sembla lui donner parmi nous une nouvelle existence (1) : mais l'impulsion qu'il donna ne produisit pas tout le bien que l'on devait en attendre; d'abord, parce que, durant tout le temps de sa vie, Lully occupa tout entier notre seul théâtre lyrique, dont il était le directeur et le

---

(1) L'Allemagne où, par des causes semblables, la musique avait, à la même époque, éprouvé une semblable décadence, répara ses pertes plus tard encore que la France. Durant le siècle de Louis XIV, pendant la régence et les premières années du règne de Louis XV, les Allemands, qui jouissaient alors de la réputation d'être les plus mauvais musiciens de l'Europe, venaient en France se former à ce qu'ils appelaient l'excellent goût des Français. C'est ainsi que Kerl, Froberger, Keyser, Telemann et Marpurg lui-même acquirent le talent et l'instruction auxquels ils doivent l'avantage d'être regardés comme les pères de l'école moderne d'Allemagne. *Voyez* Bonnet, *Histoire de la Musique*; Mattheson : *Ehrenpforte ;* E. L. Gerber, *Lexicon der Ton-Kunstler*, ou bien *le Dictionnaire des Musiciens*, aux articles cités ci-dessus.

propriétaire, et qu'alors aucun compositeur français ne put donner l'essor à son génie; ensuite, parce que, au lieu de se livrer à des études approfondies, ceux qui lui succédèrent, se contentèrent d'être ses imitateurs, et souvent même ses copistes. Au lieu de méditer les principes de leur art, ils s'adonnèrent exclusivement au genre dramatique, qui n'en est qu'une application; et, semblables à des peintres qui négligeraient l'étude du dessin pour se livrer à celle du coloris et de l'expression, ils s'occupèrent uniquement de la recherche des effets et de l'expression des passions. Faute d'une instruction suffisante, faute d'avoir étudié les modèles dont ils ignoraient jusqu'au nom, ils s'égarèrent dans leur route : le mauvais goût corrompit la mélodie, et, pour comble de malheur, des ouvrages systématiques, des théories spécieuses, furent substitués à l'enseignement oublié et méconnu de l'école. (1) Enfin, vers le milieu du dernier siècle, la mélodie française commença à sortir de la barbarie où elle était tombée; depuis quelques années les études classiques ont commencé à reprendre quelque vigueur, et tout

(1) Nous voulons parler ici du système de la basse fondamentale, tel qu'il est présenté dans les écrits de Rameau, et dans ceux des didactiques ou théoriciens de son école. Ce système lancé dans le monde, vers le commencement du dix-huitième siècle (1722), eut en France sur les études musicales une influence des plus désastreuses, et dont les funestes effets se font encore ressentir aujourd'hui même. Le premier fut de réduire en quelque sorte toute l'étude de la composition à celle de l'harmonie, et en conséquence de faire négliger celle du contre-point, ou art d'écrire à plusieurs parties dans toutes les espèces et dans tous les degrés; art qui est précisément à la musique ce que le dessin est à la peinture, ce que la grammaire, prise dans toute son étendue, est à l'art d'écrire et de parler. Le second fut de substituer, dans l'enseignement même de l'harmonie, des notions systématiques et erronées à la doctrine authentique de l'école, d'inspirer le mépris de cette doctrine, que les propagateurs du système, étrangers la plupart à l'art musical, ne traitèrent plus que de routine aveugle, de tromper les étudians par

nous fait présumer que ces heureux commencemens auront des suites plus heureuses encore.

Quoi qu'il en soit, il est prouvé par tout ce qui précède, que le génie et l'organisation musicale des Français sont essentiellement semblables à celui des Italiens et des Allemands. Cette proposition démontrée à *priori* par la similitude d'origine qui règne entre ces peuples, est encore prouvée par l'histoire de l'art, qui nous fait voir que, lorsque les circonstances les ont secondés, les Français ont obtenu dans la musique des succès égaux à ceux des nations rivales. L'empire de ces circonstances est entre les mains du gouvernement; et l'on a lieu d'espérer que, jaloux de tous les genres de gloire, il ne négligera pas les moyens qui seuls peuvent rendre à l'art musical toute la splendeur dont il jouit autrefois parmi nous, et que, poursuivant l'accomplissement des mesures qu'il a déja en partie exécutées, il s'empressera de relever, d'organiser et de coordonner entre eux les établissemens et les institutions de tout genre qui tendent à l'exercice et à l'enseignement de cet art.

Le dernier chapitre de l'ouvrage de M. Scoppa est consacré

---

les fausses apparences du savoir et de la facilité, apparence mensongère qui provenait uniquement de l'art avec lequel était exposé ce système : car, dès l'instant que l'on essaie de l'appliquer à la pratique, on reconnaît qu'il complique les études, tandis que la doctrine de l'école, bien présentée, a réellement toute la clarté et toute la simplicité desirables. Enfin, un dernier vice de ce système fut d'inspirer le goût d'une harmonie lourde et ténébreuse, uniquement propre à surcharger, à étouffer la mélodie, au lieu de la relever et de la soutenir, ainsi que le fait l'harmonie composée selon les bons principes. On doit donc regarder, et c'est par cette raison que nous croyons devoir signaler ici comme des ouvrages dangereux, les écrits de Rameau, de Dalembert, de Roussier, de Bethisy, de J. J. Rousseau, de Mercadier, et de tous les écrivains de cette secte; nous ne craignons pas d'assurer qu'ils ont été plus nuisibles à la musique, que ne l'avaient été les longs troubles qui en avaient interrompu l'étude.

à l'exposition de ses vues sur l'amélioration de la musique; les unes, qui tiennent à l'art en lui-même, ont pour objet l'application de son système métrique à la composition de la musique et des vers lyriques; nous avons énoncé notre opinion au sujet de ce système dans la première partie de ce mémoire : les autres sont des vues administratives que nous croyons la plupart fort utiles, mais dont l'on pourra prendre connaissance dans l'ouvrage même, sans qu'il soit besoin d'en offrir ici l'exposition.

Par le compte détaillé que nous venons de lui rendre de cet ouvrage, et par la discussion dont il a été le sujet, la classe peut juger du degré d'importance que nous lui avons attribué. En effet, tout en avouant que l'on pourrait desirer dans le Traité de M. Scoppa des opinions moins systématiques, un plan mieux tracé, une méthode plus rigoureuse, une élocution plus correcte, nous déclarons ici que son travail nous paraît devoir être d'une utilité réelle sous plusieurs points de vue importans. D'abord, dans la théorie de la versification, il naturalisera parmi nous, et rendra familier à nos littérateurs, un système ingénieux qui pourra être utile dans un grand nombre de cas, sur-tout dans la composition des vers lyriques, et qu'après tout, les succès qu'il a obtenus en Italie, rendaient intéressant et curieux à connaître. Mais ce qui recommande sur-tout l'ouvrage de M. Scoppa, c'est l'apologie qu'il renferme de notre langue, apologie malheureusement devenue nécessaire, depuis que d'injustes détracteurs étaient parvenus à déprécier, auprès d'une partie de la nation elle-même, cette langue qui fait aujourd'hui les délices de l'Europe entière; cette langue qui, chez toutes les nations civilisées, est devenue une partie essentielle de l'éducation et que parlent à l'égal de leur langue maternelle tous les hommes doués de quelque instruction. L'ouvrage de

M. Scoppa aura en ce point cet inestimable avantage, qu'il relèvera notre patriotisme littéraire; il nous apprendra à estimer parmi nous ce que toutes les nations y estiment, ce que nous seuls, ou plutôt quelques-uns d'entre nous sont assez aveugles pour n'y point estimer : il ranimera le courage de nos jeunes compositeurs, auquel il démontrera que la langue à laquelle ils doivent un jour associer leurs chants, est digne d'être l'objet des travaux des plus grands maîtres, et que le génie musical des Français est digne de leur langue. Ainsi, par son zèle et son dévouement, autant que par le bon esprit dont il se montre animé, M. Scoppa nous paraît mériter l'approbation de la Classe des Beaux Arts, la reconnaissance de tous les Français amis de la gloire de leur patrie, la protection du Gouvernement, et les encouragemens qu'il accorde aux hommes qui se rendent utiles dans la carrière des arts.

Signé les Commissaires; Gossec, Grétry, Méhul, A. Choron, *Rapporteur.*

La Classe approuve le rapport, en adopte les conclusions, et arrête qu'il sera imprimé et distribué.

Certifié conforme à l'original,

Le secrétaire perpétuel, Joachim Lebreton.

www.ingramcontent.com/pod-product-compliance
Ingram Content Group UK Ltd.
Pitfield, Milton Keynes, MK11 3LW, UK
UKHW022127260726
13993UKWH00003B/1288